BAYERLAND WANDERZIELE

Manfred Kittel
**Erlebniswandern
im Landkreis Regensburg**

BAYERLAND WANDERZIELE

Manfred Kittel

Erlebniswandern im Landkreis Regensburg

Verlagsanstalt »Bayerland« Dachau

In der Reihe Erlebniswandern
sind bereits Wanderführer für folgende
Landkreise erschienen:

Aichach-Friedberg, Altötting, Bad Tölz-Wolfratshausen, Berchtesgadener Land, Cham, Dachau, Deggendorf, Dingolfing-Landau, Ebersberg, Erding, Eichstätt, Freising, Freyung-Grafenau, Fürstenfeldbruck, Garmisch-Partenkirchen, Landsberg am Lech, Landshut, Miesbach, Mühldorf am Inn, München, Neuburg-Schrobenhausen, Passau, Pfaffenhofen an der Ilm, Regen, Rosenheim, Rottal-Inn, Starnberg, Straubing-Bogen, Traunstein, Weilheim-Schongau.

Ausgaben für weitere bayerische Gebiete
befinden sich in Vorbereitung.

Verlag und Gesamtherstellung:
Druckerei und Verlagsanstalt »Bayerland« GmbH
85221 Dachau, Konrad-Adenauer-Straße 19

Titelgrafik: Hans Fischach
Fotos: Manfred Kittel
Tourenskizzen: Birgit Philipp

Alle Rechte der Verbreitung (einschl. Film, Funk und Fernsehen) sowie der fotomechanischen Wiedergabe und des auszugsweisen Nachdrucks vorbehalten.

© Druckerei und Verlagsanstalt »Bayerland« GmbH
85221 Dachau, 1997

Printed in Germany · ISBN 3-89251-245-0

Inhalt

Geleit 7
Stadt und Landkreis Regensburg 11

1. Alteglofsheim
   Vier-Schlösser-Runde 16
2. Beratzhausen
   Ruine Ehrenfels und das Tal
   der Schwarzen Laaber 23
3. Beratzhausen – Rechberg
   Durch Daxengraben und Grasental 30
4. Bernhardswald – Hauzendorf
   Über Wolfersdorf ins Wenzenbachtal 36
5. Bernhardswald – Kürn
   Über Schloß Hauzenstein
   zur Leonhardskirche 41
6. Brennberg – Bruckbach
   Zur Ruine Siegenstein und zum
   Kraxenmann auf dem Falkenberg 48
7. Deuerling
   Durch das Wuzenholz zum
   Eichhofener Schloß 53
8. Duggendorf – Heitzenhofen
   Über Duggendorf ins Girnitztal 60
9. Donaustauf – Sulzbach
   Lichtenwald, Silberweiher und Walhalla .. 66
10. Hemau
    Bärenhöhle, Tal der Schwarzen Laaber
    und Hiaslhöhle 71
11. Hemau – Aichkirchen
    Zum Waldbad 76
12. Hemau – Neukirchen
    Wallfahrt zum Eichlberg 81
13. Hemau – Thonlohe
    Keltenschanze, Laubenhartgrund
    und Ringwall 86
14. Holzheim a. Forst – Dornau
    Durch Widlthal zum Schloß Wolfsegg 91
15. Kallmünz
    Von der Burg über der Naab
    ins Holzheimer Hügelland 96

16. Laaber
   Im Tal und auf den Höhen
   der Schwarzen Laaber 101

17. Lappersdorf – Kareth
   Im Winkel zwischen Donau und Regen 107

18. Mintraching
   Durchs Mintrachinger Holz nach Sankt Gilla .. 113

19. Nittendorf
   Im Naab- und Penker Tal 118

20. Pentling
   Über die Römerschanze
   in die Donauhöhen 125

21. Pfakofen
   Zu den Wasserschlössern von
   Eggmühl und Zaitzkofen 131

22. Pfatter
   Durch die Donauniederung
   zum Johannishof 137

23. Regenstauf
   Aus dem Regental ins östliche Hügelland 142

24. Schierling
   Aus dem Tal der Großen Laaber
   zur Keltenschanze 148

25. Sinzing
   Aus dem Donautal ins Tal
   der Schwarzen Laaber 153

26. Sünching
   Über die Ochsenstraße zum
   Schwarzen Herrgott 160

27. Tegernheim
   Über den Keilberg ins Tiefental 165

28. Wiesent – Ettersdorf
   Durch den Forstmühler Forst
   zur Frauenzeller Wallfahrt 172

29. Wörth a. d. Donau
   Vom Schloß durchs Perlbachtal 178

30. Zeitlarn
   Durchs Ödenthal zum Wenzenbach 184

Regensburg
Ein Spaziergang auf den Spuren
der Stadtgeschichte 188

Geleit

Der Landkreis Regensburg bietet verschiedenartige Landschaften: einmal das Donautal mit dem Gäuboden, dazu die ersten Höhen der schwäbisch-bayerischen Hochebene, dann die Anfänge des Vorderen Bayerischen Waldes zwischen dem Regental und der Donau, das wildromantische Felsental der Schwarzen Laaber mit seinen Hochflächen und nicht zuletzt die Flußtäler von Naab und Regen, die den Übergang vom Jura zum Bayerischen Wald darstellen.

Weil Naherholung in diesem Landkreis großgeschrieben ist, wurde von der Stadt und dem Landkreis Regensburg 1971 der Verein für Naherholung im Raum Regensburg e. V. gegründet. Zentren des daraufhin gestalteten Naherholungsbereichs sind der Sarchinger See, der am Rande der Großstadt Regensburg liegt, und etliche Baggerseen. Erworben wurde auch der Guggenberger See östlich von Neutraubling, an dem ebenfalls ein Naherholungsgebiet angelegt wurde. Das Erholungsgebiet am Roither See soll als Entlastung für den vor allem an Wochenenden stark frequentierten Sarchinger Badesee dienen.

Im Marienthal wurde von Marienthal bis Hirschling entlang des Regen ein Wanderweg ausgebaut, an dem Bänke und Orientierungstafeln aufgestellt sind. Immerhin zählt das Gebiet zu den landschaftlich reizvollsten Gegenden im Einzugsbereich der Großstadt Regensburg. Auch der Rolf-Watter-Weg im

Tal der Schwarzen Laaber ist vom Naherholungsverein zwischen dem Bahnhof Deuerling und dem Bahnhof Beratzhausen angelegt worden. In dieser schönen Landschaft gibt es unter anderem den Lindenhof und die Schafbruckmühle, die wir bei einer Wanderung dieses Büchleins besuchen. Ebenfalls im Büchlein erwähnt ist das Naherholungsgebiet Keilberg. Hier hat man einen Trimmpfad und einen Kinderspielplatz eingerichtet.

Interessant ist die Bayerische Eisenstraße von Pegnitz nach Regensburg, eine der jüngsten der über 50 Ferienstraßen der Bundesrepublik Deutschland. Hier kann man auf 120 Kilometern Länge vor allem Industriedenkmäler aus mehreren Jahrhunderten besuchen.

Durch den Landkreis führt gleichfalls der Main-Donau-Weg, der über 242 Kilometer von Regensburg bis Staffelstein geht. Bei unseren Wandervorschlägen treffen wir mehrfach auf diesen Weg. Neben den Vorschlägen des Naherholungsvereins gibt es eine Reihe sehr unterschiedlich markierter örtlicher Wanderwege; mal sind es Symbole, mal Ziffern, die auf Rundkursen oder über Wanderstrecken führen.

Im vorliegenden Büchlein wurde versucht, eine Auswahl der schönsten Rundkurse zusammenzustellen, die allerdings selten mit markierten Wegen übereinstimmen, weil es erklärtes Ziel des Autors ist, möglichst auf Wegen zu führen, die das ganze Jahr über und auch von Familien mit Kindern begangen werden können.

Wer dennoch nicht auf markierte Wege verzichten will, sei auf die Wanderkarte des Fritsch-Verlages »Stadt und Landkreis Regensburg – Blatt 63« verwiesen, wobei einzuschränken ist, daß in der Regel zwar etliche Gemeinden Wanderwege anlegen und ausschildern, aber im Laufe der Jahre dann den Erhalt dieser Wege und der Markierungen vernachlässigen. Deshalb sind genaue Beschreibungen wie im vorliegenden Büchlein so wichtig, auf die zu achten sich empfiehlt.

Wer mit Karte und Kompaß umgehen kann, sollte diese Hilfsmittel auf jeden Fall benützen.

Bei den einzelnen Routen ist jeweils angegeben, welche topographische Karte des Landesvermessungsamtes oder welche sonstigen autorisierten Karten verwendet werden können.

Die angegebenen Gehzeiten sind nur Richtwerte. Für 4 Kilometer Wegstrecke wurde 1 Stunde Gehzeit angegeben.

Witterung, Tagesform und Schwierigkeit des Geländes haben allerdings entscheidenden Einfluß auf das Gehtempo. Ebenso spielt die Kondition des Wanderers eine Rolle und ob in Gruppen oder einzeln gegangen wird, ob Kinder dabei sind oder gar Gehbehinderte.

Wegen der vielen Sehenswürdigkeiten sollte man sich auf keinen Fall beeilen und genügend Zeit einkalkulieren.

Wer einen Hund bei sich hat, sollte ihn an die Leine nehmen. Es versteht sich von selbst, daß Wanderer die Natur schonen, keine Abfälle wegwerfen, nichts zerstören, sondern nur schauen und sich an dem erfreuen, was sich dem Auge bietet. Lärm beeinträchtigt den Naturgenuß und vertreibt das Wild. Es empfiehlt sich, beim Wandern passende Kleidung zu tragen, festes Schuhwerk, Regenschutz und, wenn Kinder dabei sind, etwas zum Trinken und eine kleine Brotzeit mitzunehmen.

Wenn man das alles beachtet, ist die Natur zu jeder Jahreszeit ein Erlebnis.

Also, auf geht's!

Stadt und Landkreis Regensburg

Regensburg ist die viertgrößte Stadt Bayerns, und auch der Landkreis Regensburg gehört mit fast 1400 Quadratkilometern zu den größten des Freistaates. Anschließende Landkreise sind im Norden der Landkreis Schwandorf, im Nordosten der Landkreis Cham, im Südosten der Landkreis Straubing-Bogen, im Süden der Landkreis Kelheim und im Westen der Landkreis Neumarkt in der Oberpfalz.

Der Landkreis Regensburg liegt im südlichen Teil des Regierungsbezirks Oberpfalz und umschließt die kreisfreie Stadt Regensburg. Südlich des Landkreises beginnt bereits der Regierungsbezirk Niederbayern.

Im Bereich des Fränkischen Jura herrschen karge Böden vor. Aber südlich von Regensburg schließt der Gäuboden, die Kornkammer Bayerns, an. Im Osten erstrecken sich die Ausläufer des Bayerischen Waldes.

Die Donau teilt den Landkreis in zwei Teile. Ihr fließen im Landkreisbereich teilweise bedeutende Flüsse zu, so die Schwarze Laaber von Nordwesten, die Naab und der Regen von Norden. Im Süden bildet das Flußsystem der Alten und der Großen Laaber die Grenze.

Größere Seen gibt es im Landkreis nicht, außer im Bereich südlich der Donau Baggerseen und Reste von Altarmen.

Stark bewaldet, aber auch zersiedelt ist der

Norden und Nordosten. Die Waldbestände werden im Westen lichter und sind im Süden im Bereich des beginnenden Gäubodens recht spärlich. Die Verkehrserschließung ist gut. Bei Regensburg kreuzen sich die Autobahnen Nürnberg–Passau und München–Weiden. Im Kreisbereich verläuft parallel zur A 93 Regensburg–Weiden die Bundesstraße 15. Die Bundesstraße 16 zweigt noch im Stadtbereich Regensburg nach Nordosten ab. Die Bundesstraße 8 zieht von West nach Ost durch Regensburg und östlich von Regensburg parallel zur A 3 Nürnberg–Passau. Die Bundesstraße 15 führt von Regensburg aus nach Süden, die Bundesstraße 16 nach Südwesten. In den stark zersiedelten Gebieten ist das Netz von Staats- und Kreisstraßen, aber auch von Gemeindestraßen dicht, vor allen Dingen die Anbindung zu den zahlreichen Weilern und Einzelgehöften. Die Donauhänge östlich von Regensburg und nördlich des Flusses sind kaum durch Straßen erschlossen. Nur von Donaustauf, Wiesent und Wörth aus ziehen Straßen nordwärts die steilen Hügel hinauf.

Neben der kreisfreien Stadt Regensburg gibt es nur noch die Städte Hemau, Neutraubling und Wörth an der Donau. Dafür verteilen sich zahlreiche Märkte über das Gebiet: Beratzhausen, Donaustauf, Kallmünz, Laaber, Regenstauf und Schierling. Politische Gemeinden sind daneben Alteglofsheim, Altenthann, Aufhausen, Bach an der Donau, Barbing, Bernhardswald, Brennberg, Brunn, Deuerling, Duggendorf, Hagelstadt, Holzheim am Forst, Köfering, Lappersdorf, Mintraching, Mötzing, Nittendorf, Obertraubling, Pentling, Pettendorf, Pfakofen, Pfatter, Pielenhofen, Riekofen, Sinzing, Sünching, Tegernheim, Thalmassing, Wenzenbach, Wiesent, Wolfsegg und Zeitlarn.

Die Geschichte der kreisfreien Stadt und die Geschichte des Landkreises sind wohl in vielen Bereichen ineinander verzahnt, sollten aber getrennt betrachtet werden. Der Stadtkern von Regensburg ist heute noch mittelalterlich geprägt. Im Jahre 179 n. Chr. wurde Regensburg von der dritten römischen Legion als Militärfestung ausgebaut. Davon zeugen noch Reste der Umfassungsmauer und das Osttor von Castra Regina. Eine steinerne Gründungsurkunde ist im Museum zu sehen. Der ältere Name Radasbona läßt auf eine keltische Siedlung aus der Zeit um 500 v. Chr. schließen. Als die Römer im 5. Jahrhundert n. Chr. aus dem Gebiet abzogen, blieb ein Teil der bei der Festung siedelnden Zivilbevölkerung am Ort. Mitte des 6. Jahrhunderts machten die bayerischen Agilolfinger Regensburg zur Residenz und zur ersten bayerischen Hauptstadt. Als Karl der Große 788 den Bayernherzog Tassilo III. absetzte, bezog er Bayern in das Frankenreich ein und erhob Regensburg zur Königspfalz. Nach dem Tode des letzten ostfränkischen Karolingerkönigs, Ludwig das Kind, im Jahre 911 hörte Regensburg auf, Residenz zu sein. Es blieb aber Handelsmetropole und entwickelte sich im 12. und 13. Jahrhundert mit einer bedeutenden Einwohnerzahl zu wirt-

schaftlicher Blüte. 1245 erreichten die Bürger der Stadt von Kaiser Friedrich II. von Hohenstaufen das Recht der Selbstverwaltung. Bis 1803 blieb Regensburg freie Reichsstadt und wurde der Schauplatz vieler Reichstage und Reichsversammlungen. Sitz des immerwährenden Reichstages war Regensburg von 1663 bis 1806. Obwohl der Rat der Stadt 1542 das evangelische Bekenntnis annahm, hatte das katholische Bistum Regensburg weiterhin Bestand, und auch der Großteil der Einwohner blieb katholisch. Noch heute ist Regensburg Sitz des Fürstenhauses von Thurn und Taxis, das ab 1748 beim immerwährenden Reichstag als Stellvertreter des Kaisers wirkte. 1810 wurde Regensburg dem Königreich Bayern einverleibt und Hauptstadt des bayerischen Regenkreises, ab 1838 des Kreises Oberpfalz und Regensburg.
Als um 1180 das Haus Wittelsbach in Bayern an die Macht kam, war das Land in sogenannte Herzogsbezirke und in geistliche und weltliche Herrschaftsbezirke gegliedert.
Im Bereich des Landkreises Regensburg fielen nach dem Aussterben der Burggrafen von Regensburg die Burg in Regensburg mit der Gerichtsbarkeit und der Landbesitz an den bayerischen Herzog Ludwig I., den Kelheimer (1183–1231). Er richtete zur besseren Verwaltung des Gebietes Amtssitze in Riedenburg, Abbach, Mintraching, Pettendorf, Regenstauf und Stefling ein. Nach der ersten Länderteilung im Jahre 1255 erfolgte auch eine Umorganisation der bestehenden

Ämter. Ab 1329 werden diese Ämter als Landgerichte bezeichnet. Bei der Errichtung des neuen Herzogtums Pfalz-Neuburg wurde der nordwestliche Teil des Landkreises Regensburg zu Pfalz-Neuburg geschlagen und vom Landgericht Laaber aus verwaltet. In den Jahren 1705 bis 1714 unterstanden die Landgerichte der kaiserlich-österreichischen Besatzung, ebenso 1743 bis 1745. Auch im Jahre 1789 gab es eine Neuordnung der Pflegegerichte im Landkreisgebiet, ebenso 1799, und 1806 erhielten alle Landgerichte die Bezeichnung königliches Landgericht. Das Fürstentum Regensburg wurde 1810 aufgelöst. Änderungen im Amtsgerichtsbereich gab es 1853 und weiterhin auf Verwaltungsebene 1924, 1938 und schließlich mit der umfangreichen Gebietsreform des Jahres 1972.

Der große und geschichtsträchtige Landkreis und auch die Stadt Regensburg bieten zahlreiche Sehenswürdigkeiten. Dazu gehören Burgen und Burgruinen, Schlösser und Kirchen aller Baustile, darunter zahlreiche Wallfahrtskirchen, historische Ortskerne und Naturdenkmäler in einer malerischen Landschaft. Es ist ein sehenswerter Landkreis, von dem das vorliegende Büchlein einen Eindruck vermitteln und zu dessen Besuch es anregen will.

1. Vier-Schlösser-Runde

Gemeindezugehörigkeit: Alteglofsheim

Ausgangsort: Alteglofsheim

Zufahrt/Lage:

Im Talboden der Pfatter, im weitläufigen Hügelland zwischen dem Donautal im Norden und dem Tal der Großen Laaber im Süden, liegt 10 Kilometer südsüdöstlich von Regensburg der stattliche Ort Alteglofsheim direkt an der Bundesstraße 15 und an der Bahnlinie Regensburg–Landshut.

Von den Höhen hier reicht der Blick weit ins Land und im Norden bis nach Regensburg. Die Sicht nach Süden begrenzt ein ausgedehntes Waldgebiet. Das ansehnliche Schloß mit dem mittelalterlichen Bergfried und den hohen mittelalterlichen Giebeln wird seit Ende 1992 zur dritten bayerischen Musikakademie ausgebaut. Zu der ausgedehnten Anlage gehören auch ein Schloßpark und Wirtschaftsgebäude mit einer Brennerei.

Im Ort selber ist wenig Bemerkenswertes zu sehen, außer in der Landshuter Straße 1 das Gasthaus, das aus dem 16. Jahrhundert stammt und spätgotische Reliefs aus der Zeit um 1500 an der südlichen Außenwand aufweist. Der Turm der um 1720 erneuerten Pfarrkirche St. Laurentius geht auf das Jahr 1446 zurück. Am Kirchplatz steht eine Kapelle des Johannes von Nepomuk.

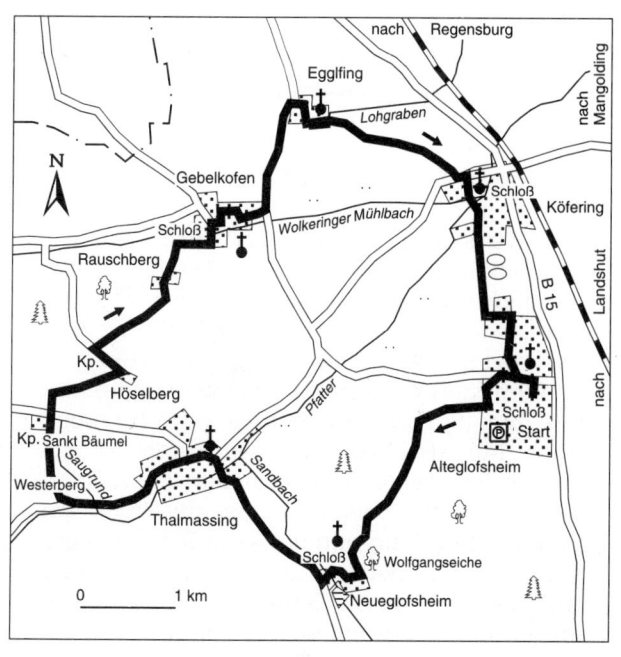

Verlauf der Wanderung:
Nach Neueglofsheim

Vom Nordteil des Schloßbereichs gehen wir in nördlicher Richtung, vorbei an der Schloßgärtnerei, »Am Schloßhof« heißt es hier, zur Landshuter Straße, wo wir auf das Gasthaus zur Post treffen. Im Schwenk nach Westen, nach links, kommen wir an einer Dreieckkreuzung vorbei, wo eine Kapelle steht, und biegen bei der Konditorei Schmidtbauer, einem hübschen Gebäude mit Wandmalereien, ebenfalls links in die Lindenstraße, die auf den Dreifaltigkeitsweg stößt. Hier geht es erneut links weiter und leicht bergauf, bis wir uns bei einer Bank rechts in Richtung Neueglofsheim halten. Es ist ein schmaler Teerweg, der eine leichte Anhöhe überwindet. Wir sehen ins weite Pfattertal. Auf der linken Seite erstrecken sich in einiger Entfernung Waldstücke. Dann umgibt uns im Halbrund, wir sind nach links, nach Südwesten geschwenkt, Wald. Nach einer einzeln stehenden Kiefer, deren Stamm ein Heiligenbild mit dem Spruch »St. Ottilia, bitt' für uns« trägt, fällt der Weg in zwei Stufen ab; die zweite ist steiler und läßt uns ein Bachtal erreichen. Wir bewegen uns ein Stück am Waldrand entlang und nach der Brücke leicht aufwärts. Im Wald kommen wir über eine Anhöhe. An einer Dreieckkreuzung steht erneut ein Baum mit einem Heiligenbild am Stamm, und ein drittes Heiligenbild an einem Baumstamm fällt uns auf, ehe wir vom Weg aus den Steilabfall ins Sandbachtal sehen. Ein umzäuntes Grundstück wird erreicht, auf dem sich ein mittelalterlicher Bergfried und daneben das neue Schloß Haus von Neueglofsheim befinden. Der dreiflüglige Schloßbau ist 1680 entstanden. Unser Weg schwenkt im Rechtsbogen steil hinunter und führt zu einem befestigten Sträßchen. Am Eck steht innerhalb des Schloßzauns die Wolfgangseiche, ein alter knorriger Baum. Wir gehen rechts am Schloß vorbei, das auf einer Anhöhe über dem Tal liegt. Hier vom

Schloßplatz bietet sich ein weiter Ausblick vor allem nach Westen und Süden.

Über Thalmassing nach Sankt Bäumel

Das Schloß können wir nicht besichtigen. Es ist in Privatbesitz. Unser Weg leitet steil hinunter zwischen die Häuser von Neueglofsheim auf einen Weiher zu. Hier biegt die Straße erst nach rechts, dann links über einen Dammweg, an dessen rechter Seite unterhalb ein langgestrecktes Gebäude mit Holzobergeschoß und Walmdach steht. In der Rückschau sehen wir auf die Brennerei mit dem riesigen Schornstein unterhalb des Schlosses. Wir schwenken rechts in den Fahrweg, der oberhalb des Sandbachtals verläuft, kommen über eine Anhöhe und erblicken vor uns Thalmassing. Die Kirche St. Nikolaus, ein Neubarockbau mit mittelalterlichem Turm, steht auf einer Anhöhe. Im Bogen erreichen wir die Brücke der Pfatter, gehen darüber hinweg, schwenken links in eine querverlaufende Straße und bewegen uns auf den Maibaum zu. Hier steht der Landgasthof Sperger und auf der gegenüberliegenden Seite ein paar Schritte weiter der Gasthof zum Postillion. Wir bleiben auf der Hauptstraße am Nordufer der Pfatter und verlassen den Ort bei einer Trafostation in Richtung Dünzling. Auf der rechten Seite tut sich der Talboden des Saugrundes auf. Nach einem schmalen Waldstreifen biegen wir schräg rechts weg in Richtung Westerberg.

Hier stehen ein paar Häuser, und beim ersten Haus geht es rechts hoch in einen grasigen Feldweg. Nordwärts gelangen wir über eine Anhöhe zu den Häusern von Sankt Bäumel und zu einem Fahrsträßchen am Nordrand des Weilers. Hier findet sich auch die namengebende Kapelle. Wer auf dieser Fahrstraße nach Westen bis Weillohe weiterwandert, kann eine Gedenksäule aus dem Jahre 1873 bewundern. Hier ist auch ein Aussichtspunkt mit Blick auf Walhalla und die Befreiungshalle. Wir halten uns aber weiter nordwärts auf den Waldrand zu. Auch hier ist die Aussicht weit und schön. Vor dem Wald schwenken wir rechts ab, kommen am Gehöft Höselberg vorbei, biegen links in ein Fahrsträßchen, passieren eine kleine Wegkapelle und bewegen uns dann vor dem Waldrand erneut nordwärts weg auf einem nichtbefestigten Höhenweg mit ebenfalls weiter Aussicht in die Täler, vor allem ins Donautal und auf Regensburg. Durch die Häusergruppe Rauschberg erreichen wir das Tal des Wolkeringer Mühlbachs und halten uns rechts in den Ort Gebelkofen hinein. Eine querverlaufende Straße nimmt uns nach links auf. Wir gehen über die Bachbrücke und sind bereits im Schloßbereich. Die gewaltige Vierflügelanlage mit der Schloßkapelle St. Barbara ist ein Wasserschloß. Im Schloßbereich gibt es eine Brennerei. Wir können ein Stück an dem das Schloß umgebenden Wassergraben entlangwandern.

Am Wolkeringer Mühlbach entlang zur Pfatter

Wir sind »Am Mühlbach« und biegen rechts in eine Vorfahrtsstraße. Sie windet sich, vorbei an der kleinen Kirche, die ein auf den Giebel aufgesetztes Türmchen hat, aus dem Ort. Bei einer Vorfahrtsstraße, beschildert ist nach Obertraubling und Egglfing, schwenken wir links weg. Es geht durch einen Hohlweg aufwärts, vorbei an einem Gehöft. Auf der Anhöhe wird der Blick frei ins Donautal. Bergab kommen wir nach Egglfing. Bei einer Straßenkurve im Dörfchen halten wir rechts auf die kleine alte Kirche St. Margaretha zu, die Anfang des 13. Jahrhunderts entstanden ist. Vor der Kirche folgen wir dem Radweg R 9 nach rechts und verlassen im Linksbogen die Häusergruppe. Dann bewegen wir uns über die Brücke des Lohgrabens, auf der linken Seite ist ein Spielplatz angelegt, und wandern zwischen dem Lohgrabental im Norden und dem Tal des Wolkeringer Mühlbachs im Süden auf Köfering zu. Vor uns steht ein hübsches Haus mit Walmdach. Es ist der ehemalige Pfarrhof. Wir erreichen eine Vorfahrtsstraße, gehen ein paar Schritte nach links und biegen rechts in die Kirchstraße ein. Der Wolkeringer Mühlbach und die Pfatter fließen hier zusammen. Das Schloß hinter der Kirche ist eine stattliche Dreiflügelanlage mit Mansardendächern aus dem 18. Jahrhundert. Es gibt einen Wassergraben und Steinbrücken. Auch dieses Schloß ist Privatbesitz.

Südwärts zurück

Wir halten uns auf der Straße nach Süden, vorbei an einem Trafohäuschen. Wo die Straße verzweigt, geht es rechts, an den Sportplätzen vorbei, aus dem Ort. Es ist die Lindenstraße. Nach einer Anhöhe wird die Sicht nach Osten ins Donautal frei. Auf der linken Seite sieht man das Tal der Pfatter. Bald ist auch das Ortsschild von Alteglofsheim erreicht. Wir sind auf dem Köferinger Weg, biegen links in die Schulstraße ab, also nach Osten, und folgen der Vorfahrtsstraße nach rechts. Es ist die Kirchfeldstraße, die schnurgerade leicht bergab führt. Vor uns sehen wir bereits die Türme des Schlosses. Die Kapelle an der Dreieckkreuzung wird passiert. Dann gehen wir ein paar Schritte links auf der Landshuter Straße weiter, um rechts zum Schloß zurückzukehren.

Entfernung: 22 km
Gehzeit: 5½ Stunden – ein Tagesausflug
Topographische Karten: 1:25 000, Blatt 7038, 7039

2. Ruine Ehrenfels und das Tal der Schwarzen Laaber

Gemeindezugehörigkeit: Beratzhausen

Ausgangsort: Beratzhausen

Zufahrt/Lage:

Der Markt im Tal der Schwarzen Laaber, umgeben von den Ausläufern der Fränkischen Alb, liegt an der nordwestlichen Grenze des Landkreises mit Anschluß an die A 3, die bei Unterpfraundorf eine eigene Ausfahrt Beratzhausen hat. Von Regensburg aus kann man auch über die Bundesstraße 8 und die Abzweigung bei Hemau nach Beratzhausen gelangen. Zudem gibt es eine Nebenstraße im Tal der Laaber über den Ort Laaber. Eine Bahnlinie von Regensburg nach Nürnberg verläuft ebenfalls durch Beratzhausen.

Beratzhausen besitzt eine Reihe von Sehenswürdigkeiten, darunter das historische Rathaus, aber auch der Zehentstadel. Das im 16. Jahrhundert errichtete Gebäude trägt im Schlußstein des Eingangsportals die Jahreszahl 1599. Hier sind auch die Wappen des Pfalzgrafen Philipp von Wittelsbach und seiner Gemahlin Anna von Gülich angebracht.

Verlauf der Wanderung:
Zur Ehrenfels

Hoch über dem Markt steht die Mariahilfkirche. Vom Fuße des Berges zur Kirche führen Kreuzwegstationen. Wenn wir hier unsere Wanderung beginnen, folgen wir dem Stationsweg hinunter, gehen über die Laaberbrücke, kommen an einem Kinderspielplatz vorbei, erreichen den Alleeweg und von da die Bischof-Weig-Straße, die uns zum Kirchplatz bringt. Hier steht die Pfarrkirche St. Peter und Paul mit dem gotischen Westturm. Der Marktplatz und die Marktstraße schließen sich an den Kirchplatz an. Die Bebauung hier stammt im wesentlichen aus dem Wiederaufbau nach der Brandkatastrophe des Jahres 1827. Es sind meist zweigeschossige Wohnhäuser, abgesehen von den älteren Gebäuden am Nordwestende, die offenbar vom Brand verschont geblieben sind. Wir halten uns auf der Marktstraße nach Nordwesten bis zu einer Straßenabzweigung und spazieren hier rechts in Richtung Parsberg-Mausheim. Es geht zwischen Büschen bergauf bis zu einem Parkplatz am linken Rand des Fahrwegs. Hier weist ein Holzschild zum Schloßberg. Wir unterqueren die Bahnlinie westwärts auf den Waldrand zu, wandern leicht bergauf und folgen im Wald dem Pfad, der nordwestlich steil in den dichten Wald hochzieht. Auf halber Höhe des Burgbergs stoßen wir auf einen querverlaufenden Weg, in den wir links einbiegen. Er windet sich im Rechtsbogen auf den Gipfel zu. Nach Nord-

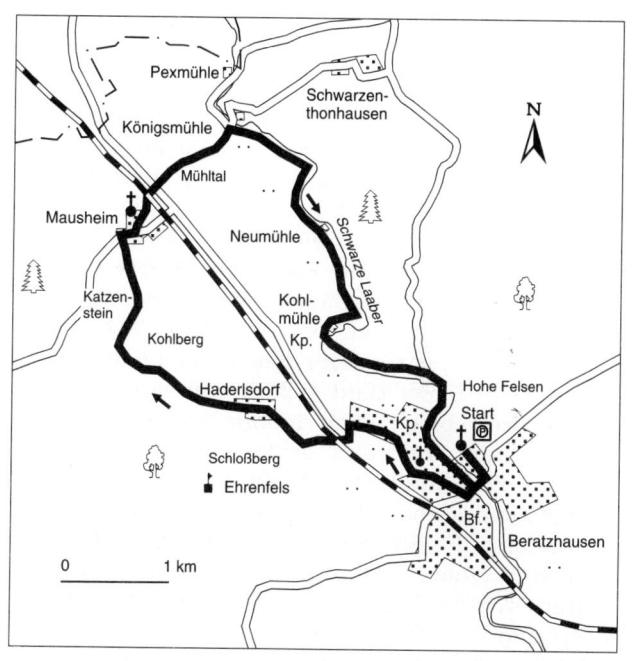

osten erreichen wir das Plateau mit den Resten der Burg Ehrenfels. Man sieht noch Teile vom Bergfried, Torbogen und Mauerbruchstücke, alles von dichtem Wald umstanden. Das 11. bis 14. Jahrhundert war die Blütezeit der Ernfelser. Durch viele Schenkungen an die Kirche verarmte das Geschlecht. Die Staufer, die dann in den Besitz der Burg kamen, mußten ebenfalls ihren Niedergang erleben; die Burg verfiel.

Am Katzenstein vorbei

Wir gehen hinunter, nutzen aber nicht den Aufstiegspfad vom Parkplatz her, sondern halten uns mehr westlich, passieren eine Wiesenbucht, hier gibt es Skilifte, und kommen bei Haderlsdorf, nachdem wir den Wald verlassen haben, zu einer Dreieckkreuzung. Ein Kreuz und eine Bank stehen hier. Wir bewegen uns geradeaus weiter und folgen dem Hangweg nach Westen auf den Wald zu. Auf der rechten Seite des Weges fällt das Land ab. Links zieht sich Baumbestand hin. Der Weg biegt nach rechts und führt ein Stück am Waldrand entlang. Wir sind am Fuße des Kohlbergs. Links unseres Weges wachsen keine Bäume mehr. Wir durchqueren eine Feldbucht und treffen erneut auf einen Waldvorsprung. Steil bergab wandern wir über eine Stelle, wo zwei Waldvorsprünge zusammenstoßen, und gelangen zu einer weiteren Feldbucht. Wir folgen dem Waldrand, der sich auf der linken Seite hinzieht. Der Weg schwenkt rechts weg auf das gegenüberliegende Waldstück zu. Den Rand erreichen wir durch einen Steilabstieg. Dann biegt der Weg vom Wald weg und führt unterhalb des Katzensteins, einem Waldhügel auf der linken Seite, nach Norden. Wir kommen zwischen Buschwerk hindurch, passieren ein Tiergehege und haben die Häuser von Mausheim vor uns.

Ins Laabertal

Es bietet sich uns eine weite Aussicht, wenn wir jetzt am Hang weitergehen und auf Pferdekoppeln zusteuern, die vor Mausheim liegen. Gleich am Anfang des Ortes stoßen wir auf den Gasthof Rödel. Hier biegen wir rechts in eine Vorfahrtsstraße und wenden uns am Ortsrand nach links. Beschildert ist nach Parsberg. Das St.-Thekla-Kirchlein mit dem schindelbelegten Turm bleibt links liegen. Der Weg schwenkt hin und her. Wir kommen durch eine Bahnunterführung. Danach wird eine Vorfahrtsstraße überquert. Beschildert ist nach Schwarzenthonhausen–Königsmühle–Pexmühle. Es geht bergab auf den Wald zu. Wir sind im Mühltal. Auch im Wald fällt der Weg stetig ab, wobei der Hang auf der rechten Seite ansteigt. Schließlich wird die Königsmühle am Ufer der Schwarzen Laaber erreicht. Vor der Brücke zur Königsmühle biegen wir rechts ab.

Zu den Hohen Felsen

Wir folgen dem Waldrand am Fuß der Talhänge zunächst in südöstlicher Richtung. Das Flußufer ist weitgehend mit Erlen bestanden. Der Fluß mäandert etwas hin und her. Der Talboden weitet und verengt sich. Wir gelangen zu einer Holzbrücke, gehen aber nicht darüber, sondern bewegen uns am mit Büschen bestandenen Hang am Rande des Tals entlang. Wir sind auf dem Rhein-Main-Donau-Weg. Vor uns sehen wir das

Gebäude der Neumühle. Nach der Mühle führt ein Weg den Hang hoch. Wir bleiben jedoch auf dem Weg am Fuß des Hangs, an dem Bänke aufgestellt sind. Das Tal wird breiter, und das Laaberufer ist wieder ein ganzes Stück von unserem Weg entfernt. Dann, wenn sich Felsformationen an den Hängen aufbauen, kommen wir dem Ufer wieder näher. Der Fluß macht einen großen Rechtsbogen. Wir erreichen die Kohlmühle. Sie liegt mitten in einem recht breiten Talboden. Auch hier sind Bänke am Weg angebracht. Nach dem Mühlengelände treffen wir auf die Brücke über die Laaber. Bevor wir sie überqueren, können wir einen Abstecher zu einer Quelle machen, die etwas südwärts liegt und in einem mit Wasserpflanzen bewachsenen Teich austritt. Eine Bank daneben lädt zur Rast ein. Wir gehen wieder zurück und über die Brücke. Unter Bäumen steht eine Kapelle mit Bänken. Ein Hangweg nimmt uns auf. Wir wandern jetzt auf einer Landstufe über dem Laabertal. Im etwas erweiterten Talboden sieht man vereinzelt Häuser. Auf unserer Seite ziehen mit Wacholder bewachsene Hänge hoch. Vor uns bauen sich Felsformationen auf, darunter kurz vor Beratzhausen die eindrucksvollen der Hohen Felsen. In diesem Bereich stoßen wir auf eine Vorfahrtsstraße, schwenken nach Süden, überqueren die Laaber und folgen der Wassergasse. Bänke sind am Weg aufgestellt. Felsendurchsetzte Wacholderheide bedeckt die Hänge über der Laaber. Vor uns sehen wir bereits die Mariahilfkirche. Aber auch rechts auf der Höhe steht eine Kapelle; es ist die Friedhofskapelle St. Sebastian aus dem 15. Jahrhundert. Neben dem Weg fließt ein Bach. Wir erreichen eine Vorfahrtsstraße, biegen aus der Wassergasse in die Parsberger Straße und folgen dann der Gottfried-Kölbel-Straße, die zur Bischof-Weig-Straße leitet. Schließlich kommen wir zum Kirchplatz oder zum Alleeweg, und hier müssen wir nochmals die Laaber überqueren, um auf dem Stationenweg zurück zur Mariahilfkirche zu gehen.

Entfernung: 12 km
Gehzeit: 3 Stunden
Topographische Karten: 1:25.000, Blatt 6836, 6936
Fritsch-Wanderkarte »Stadt und Landkreis Regensburg«, Blatt 63

3. Durch Daxengraben und Grasental

Gemeindezugehörigkeit: Beratzhausen

Ausgangsort: Rechberg

Zufahrt/Lage:

Das Dorf Rechberg liegt an der Ausfahrt Beratzhausen der A 3 Regensburg–Nürnberg. Neben der Zufahrt nach Beratzhausen über Oberpfraundorf und Unterpfraundorf gibt es eine ostwärts nach Kallmünz. Man muß aber, um Rechberg zu erreichen, das auf der Kallmünzer Seite liegt, doch in Richtung Beratzhausen nach Oberpfraundorf hineinfahren, südwärts in die Dorfstraße einbiegen und dann links in die Kallmünzer Straße abschwenken. Man kommt in einen Straßenbogen und weiter bergauf, parallel zur Autobahn, über die Leonhard-Nübler-Straße nach Rechberg.

Wer zur Kirche will, muß links in den Triftweg abzweigen und dann rechts der Grottengasse folgen. Es ist eine Wallfahrtskirche mit einem gotischen Chor und einem hübsch ummauerten Friedhof.

Wir beginnen aber unsere Wanderung am Rechberger Hof. Hier gibt es eine Sitzgruppe, und auch eine Tafel mit einer Wanderkarte ist aufgestellt. Immerhin gilt das Gebiet als Erholungs- und Wandergebiet. Es ist ein

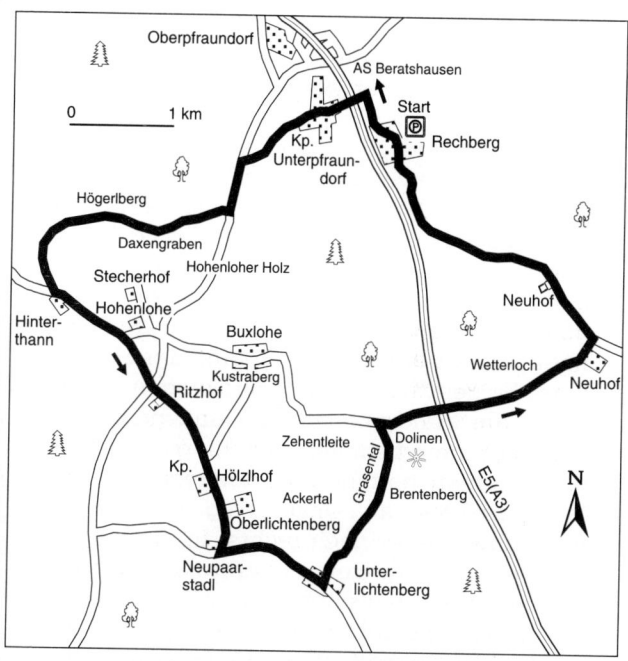

stilles Land mit einer abwechslungsreichen
Landschaft im Juramittelgebirge.

Verlauf der Wanderung:
Ins Hohenloher Holz

Wir verlassen Rechberg über die Leonhard-
Nübler-Straße nordnordwestwärts zwischen
Bäumen und kommen über einem Talboden
im Linksbogen unter der Autobahn hindurch.
Es ist ein schmaler Weg, der nach Unter-
pfraundorf führt. Im Ort geht es bergab.

Beim Gasthof Josef Braun halten wir uns geradeaus über eine Kreuzung. Noch innerhalb des Ortes überwinden wir eine Anhöhe. Dann macht der Weg einen leichten Links- und gleich einen Rechtsbogen. Auf der Kallmünzer Straße verlassen wir Unterpfraundorf in Richtung Beratzhausen. Eine Waldinsel wird passiert. Es geht am Rand des Gehölzes bergauf und danach von den Bäumen weg zu einer Vorfahrtsstraße, in die wir links einbiegen. Wir bewegen uns auf dem Fußweg neben der Straße bis zum Beginn des Hohenloher Holzes, hier gleich rechts weg, noch ein Stück am Waldrand entlang und dann vorwiegend in westlicher Richtung zwischen den Bäumen bergab. Auf der rechten Seite fällt das Land ab. Unser Weg knickt nach links und wieder nach rechts. Im Daxengraben wandern wir weiter hinunter bis zu einer Grabenmulde, passieren bergauf eine kleine Lichtung mit einem verlandeten Weiher und kommen unterhalb des Högerlbergs über eine kleine Anhöhe.

Auf Unterlichtenberg zu

Unser Weg erreicht den Waldrand und knickt nach links, nach Süden, ab. Auf freiem Feld geht es bergauf. Über eine kleine Anhöhe gelangen wir zu den Häusern von Hinterthann. Hier stoßen wir auf eine Kreuzung und biegen links bergauf. Wir spazieren über eine Rodungslichtung, die weiträumig von Wald umgeben ist. Sie liegt am Hang. Nach ein paar Schritten reicht der Wald wieder an den Weg heran. Wir kommen zur Häusergruppe von Hohenlohe. Etwas abseits sieht man den Stecherhof. Beide Häusergruppen bleiben links liegen. Auf der rechten Seite des Weges steht ein Trafohaus. Wir überwinden eine Anhöhe. Voraus haben wir eine schöne Aussicht. Bergab treffen wir auf eine Straßenkreuzung und gehen geradeaus darüber. Beschildert ist nach Oberlichtenberg und Hölzlhof. Auf der rechten Seite des bergabführenden Weges bleibt der Ritzhof liegen. Vor uns erstreckt sich ein bewaldetes Areal. Wir bewegen uns auf einem Gratweg. Nach beiden Seiten fällt also das Land ab. Allerdings sind die Senken nicht sehr tief, die Gefälle nicht sehr stark. Eine Waldinsel wird passiert, bald darauf eine weitere. Parallel zur Straße verlaufen Baumreihen. Wir wandern leicht bergab. Links zweigt ein Weg in Richtung Buxlohe ab, und der Kustraberg davor ist mit ein paar Bauminseln bewachsen. Dazwischen sehen wir Wiesen und Pferdekoppeln. Rechts unseres Weges liegt der Hölzlhof. Hier steht unter alten Bäumen eine Feldkapelle. Wir folgen weiter dem Hangweg. Rechts sehen wir weit hinunter ins Tal. Die Einöde Oberlichtenberg wird erreicht. Die schöne Aussicht bleibt uns auch auf dem Weiterweg erhalten. Der Weg biegt etwas nach rechts. Vor uns liegt das Gehöft Neupaarstadl. Hier stoßen wir auf eine Vorfahrtsstraße, die uns nach links aufnimmt. Es geht auf einem Hangweg in östlicher Richtung weiter. Der Weg, der weiträumig von Waldstücken umgeben ist, wendet sich nach rechts und leitet auf Unterlichtenberg zu.

Durchs Grasental

Gleich am Ortsanfang steht eine Weilerkapelle. Wir wandern leicht bergab und schwenken vor dem letzten Gehöft links weg. Bäume säumen den Weg hinunter in eine Talmulde. Dann treffen wir im Rechtsbogen auf einen Waldvorsprung. Hier geht es leicht bergauf. Bei einer Mehrfachkreuzung wachsen Bäume links und rechts bis dicht an den Weg heran. Danach öffnet sich auf der linken Seite eine Lichtung, die vom Ackertal begrenzt wird. Wir halten uns in etwa nördlicher Richtung weiter ins Grasental. Gleich schließen auch rechts eine größere und eine kleinere Lichtung an. Es ist ein hübscher Muldenweg durch einen offenen Talboden im Wald zwischen dem Brentenberg und der Zehentleite. Der Weg schwenkt etwas nach links, erreicht den Waldrand und stößt auf eine Mehrfachkreuzung. Hier gehen wir von einer Lichtung, die sich auf der Seite auftut, rechts, ostwärts, weg. An Dolinen vorbei erreichen wir die Unterführung der A 3, bewegen uns im Wald weiter und kommen zum Rand des Gehölzes hinaus. Überall haben sich durch die Witterung bedingte Einbrüche im Boden gebildet: Dolinen. Eine heißt »Wetterloch«. Wir passieren es, wenn wir am Waldrand in ostnordöstlicher Richtung weiterwandern. Dann verlassen wir den Wald, bewegen uns an der Einöde Neuhof vorbei und schwenken danach bei einer Kreuzung links in eine vorfahrtsberechtigte Straße. Wir kommen wieder zu einem Waldstück und folgen, diesmal in nordwestlicher Richtung, ein Stück dem Waldrand. Ein Parkplatz wird passiert. Der Weg knickt beim Weiler Neuhof nach links ab, leitet durch einen Waldvorsprung und setzt sich, immer noch nordwestwärts, an Waldstücken entlang fort. Schließlich kommen wir auf der Höhe ganz nahe an die Autobahn heran, bewegen uns ein Stück parallel daran entlang und gelangen bei den Häusern von Rechberg wieder in die Leonhard-Nübler-Straße.

Entfernung: 16 km
Gehzeit: 4 Stunden
Topographische Karten: 1:25.000, Blatt 6836, 6837
Fritsch-Wanderkarte »Stadt und Landkreis Regensburg«, Blatt 63

4. Über Wolfersdorf ins Wenzenbachtal

Gemeindezugehörigkeit: Bernhardswald

Ausgangsort: Hauzendorf

Zufahrt/Lage:

Nördlich der Autobahnausfahrt A 93 von Regensburg in Richtung Weiden teilen sich die Bundesstraßen 15 und 16. Die Bundesstraße 15 verläuft zunächst parallel zur Autobahn, die Bundesstraße 16 schwenkt nach Osten ab und leitet über Bernhardswald zur östlichen Landkreisgrenze. Ab Bernhardswald ist eine neue Trasse in Richtung Cham im Bau. Sie führt direkt an Hauzendorf vorbei, das nördlich der Muttergemeinde liegt. Der bäuerliche Ort findet sich am Zufluß des Züchmühlbachs in den Wenzenbach. Die einstige Bahnlinie nach Falkenstein gibt es nicht mehr. Die Landschaft kennzeichnen sanfte Höhen, nur spärlich mit Wald bedeckt, und flach eingeschnittene Talschaften. Nur im Norden zur Landkreisgrenze hin gibt es größere Waldgebiete und nach Westen zu in Richtung Regental. Die abseitige Lage wird sich durch die neue Trasse der Bundesstraße 16 ändern und den Streusiedlungen hier eine bessere Verkehrsanbindung bringen.

Das Hauzendorfer Schloß ist eine Vierflügelanlage, im heutigen Bauzustand aus dem

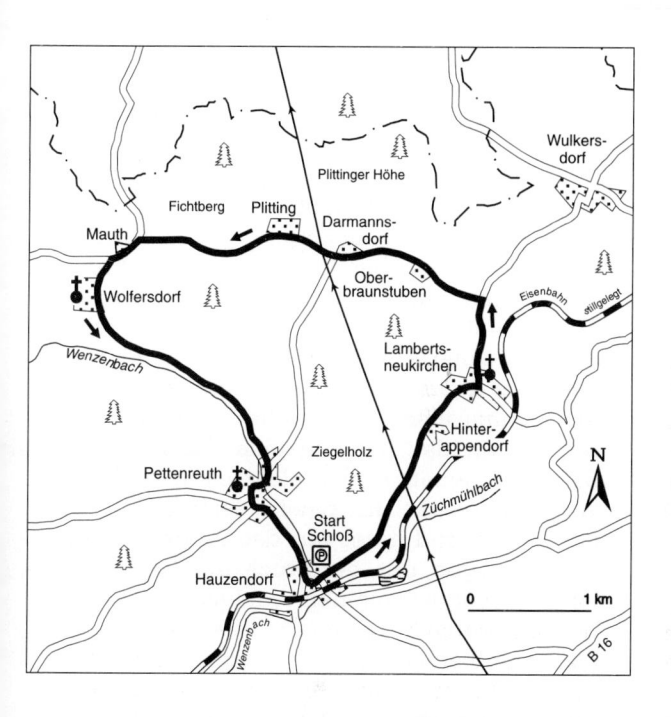

18. Jahrhundert. Im Erdgeschoß gibt es eine Schloßkapelle mit einer romanischen Apsis. Die Bausubstanz der Anlage geht also sehr weit zurück. Bei Wulkersdorf gibt es ebenfalls ein Schloß, und ein Burgstall ist in der Nähe von Adlmannstein nachgewiesen. Demzufolge hatte das Gebiet hier früher eine wesentlich größere Bedeutung als heute.

Verlauf der Wanderung:
Über dem Züchmühltal

Das Hauzendorfer Schloß, das wir vom Ortszentrum über die Schloßstraße erreicht haben, ist unser Ausgangspunkt. Von hier gehen wir zunächst in nördlicher Richtung und biegen dann rechts in die Straße ein, die nach Lambertsneukirchen führt. Wir wandern auf einer Allee an der Schloßmauer entlang aus dem Dorf. Im weiteren Verlauf begleitet uns eine Pappelreihe bergauf. Nach rechts fällt das Land in eine flache Senke. Dahinter bauen sich Waldstreifen auf. Der Weg schwenkt in einem leichten Knick nach links und leitet auf das Ziegelholz zu. Wir bewegen uns ein Stück am Rand entlang, durchqueren einen Waldvorsprung und blicken danach rechts in die Mulde des Züchmühlbachs. Überall in der Landschaft verstreut finden sich Baumgruppen, Buschreihen und Waldstücke, vor allen Dingen Mischwald. Wir stoßen auf eine Sandgrube am Wegesrand und auf die Häuser von Hinterappendorf. Die wenigen Gehöfte sind bald durchquert. Der Weg steigt an. Vor uns sehen wir den massigen Turm der Kirche von Lambertsneukirchen. Es ist ein gotischer Saalbau. Aber der Turm hat eine dicke Zwiebelkuppel. Gegenüber der Kirche steht das Gasthaus. Nach dem Gotteshaus biegen wir links, genau nordwärts, ab. Eine Hangstraße bringt uns aus dem Ort. Auf der rechten Seite unseres Weges zieht sich ein bewaldetes Tal hin. Vor uns liegt ein Waldstreifen. Nach einem Linksbogen passieren wir den Waldstreifen im Rechtsschwenk und treffen nach wenigen Metern auf eine Kreuzung.

Nach Wolfersdorf

Es ist Richtung Plitting beschildert. Auf der linken Seite des Weges baut sich hinter einem flachen Talgrund eine Waldhöhe auf. Davor sehen wir ein paar Häuser. Wir sind auf einer aussichtsreichen Hangstraße. Die Einöde Oberbraunstuben wird erreicht. Der Weg schwenkt nun links hinunter. Nach einer Brücke kommen wir in den Weiler Darmannsdorf, den wir auf einem erhöhten Weg durchwandern. Dann unterqueren wir eine Überlandleitung und gelangen nach wenigen Metern nach Plitting. Wer will, kann hier einen Abstecher zur Plittinger Höhe machen, wo eine Feldkapelle aus dem 19. Jahrhundert steht und wo sich vor allen Dingen eine schöne Aussicht nach Süden bietet. Am Ortseingang findet sich eine mächtige Linde. Wir gehen bergab durch das Dorf. Auch der Weiterweg führt bergab. Rechts steigt der bewaldete Fichtberg an. Auf der linken Seite sehen wir eine Talmulde. Überall liegen verstreut Gehöfte. Der Blick wird durch Wald begrenzt. Unser Weg schwenkt nach links. Wir stoßen auf eine Vorfahrtsstraße, die uns wiederum nach links aufnimmt. Die Häuser der Einöde Mauth werden passiert. Dann halten wir uns links steil hinunter nach Wolfersdorf. Sehenswert ist hier eine Wegkapelle mit Pieta und bei Haus Nr. 14 die Toreinfahrt mit den Rokokovasen.

Im Wenzenbachtal

Beim Weiterweg bleibt der Ort rechts liegen. Es geht ein Stück bergauf. Ein Hohlweg läßt uns eine Anhöhe überqueren. Nach der Höhe haben wir einen weiten Ausblick über die Hügel. Wir wandern nun stetig in südöstlicher Richtung bergab auf ein Waldstück zu. Hier stoßen mehrere Waldzungen an die Straße, die unter einer Landstufe verläuft. Auf beiden Seiten gibt es Bachläufe, die sich zum Wenzenbach vereinigen. Die Straße folgt einer Baumreihe. Wir kommen auf einer Landstufe über dem Bach nach Pettenreuth hinein. Die Kirche Mariä Himmelfahrt, ein Saalbau mit Rundchor, hat einen gotischen Nordturm. Im Rechtsschwenk gelangen wir zur Kirche und gehen am Kirchberg links weiter. Bergab verlassen wir das Dorf und halten uns dabei auf dem Fußweg neben der Hangstraße über dem Wenzenbach in südöstlicher Richtung. Der Talgrund ist recht flach. Einige Häuser stehen hier. Nach ein paar hundert Metern erreichen wir Hauzendorf, wo sich Hauzenbach und Wenzenbach vereinigen.

Entfernung: 14 km
Gehzeit: 3½ Stunden
Topographische Karte: 1:25.000, Blatt 6839
Fritsch-Wanderkarte »Stadt und Landkreis Regensburg«, Blatt 63

5. Über Schloß Hauzenstein zur Leonhardskirche

Gemeindezugehörigkeit: Bernhardswald

Ausgangsort: Kürn

Zufahrt/Lage:

Kürn liegt am östlichen Rand der großen Waldgebiete, die sich am linken Regenufer vor Regensburg ausbreiten. Es sind vergleichsweise stattliche Anhöhen mit dichten Mischwaldbeständen, die an den Ausläufern im Bereich von Kürn tief eingeschnittene Täler haben. Die Höhen sind häufig von Schlössern und Burganlagen gekrönt, überwiegend Ruinen. Direkte Zufahrtsstraßen nach Kürn gibt es nicht. Man kann von der Bundesstraße 16, die nördlich der Autobahnausfahrt Regensburg–Nord nach Osten abbiegt, bei Thannhausen-Roith abzweigen und eine Nebenstraße in nordöstlicher Richtung nehmen. Sie führt nach Kürn und weiter nach Nittenau. Von Regensburg-Nord beträgt die Entfernung nach Kürn etwa 12 Kilometer.

Die Dorfstraße verläuft unterhalb des Schloßbergs, und wer hier zum Gasthof Post hochbiegt, kann von den Parkplätzen über eine Brücke, die über die Dorfstraße führt, den Schloßeingang erreichen. Beiderseits breitet sich der hübsche baumbestandene Schloßpark aus, eine reizvolle Anlage, die leider dem Verfall entgegendämmert. Am Schloßberg steht auch der Pfarrhof aus dem 19. Jahrhundert. Die Kürner Kirche Mariä Himmelfahrt ist als Loretokapelle erbaut. Im Dorf lädt der Brauerei-Gasthof zur Einkehr.

Verlauf der Wanderung:
Ins Löchl

Wir gehen vom Schloß hinunter zur Dorfstraße und unterhalb der Schloßmauer, in die hübsche Steinfiguren integriert sind, in südlicher Richtung bergab aus dem Ort. Links des Weges ist ein großer Felsen mit einem Kreuz darauf zu sehen. In der Talmulde erreichen wir eine Kreuzung, wo wir uns rechts, westwärts, halten. Beschildert ist nach Löchl. Wir sind auf einem schmalen Weg direkt neben einer Talmulde. Hier ist Quellgebiet. Am Wegrand stehen Häuser zwischen Bäumen. Der Weg teilt sich. Wir wandern links auf einem Hangweg weiter. Ein Steilabfall führt rechts ins dicht bewaldete Tal. Links baut sich der Kürner Berg auf. Ein Ausblick über die weite Hügellandschaft tut sich auf. Steil steigen wir zu einem Haus hinunter und noch steiler ins Tal des Reithenauer Bachs. Auf beiden Seiten breitet sich Wald aus. Dazwischen ziehen Wiesen den Hang hinauf. In Talnähe stoßen wir auf einen großen Weiher, der von Bäumen umrahmt ist. Dann kommen wir über eine Anhöhe und steil bergab zum Weiler Löchl. Bei den Häusern schwenken wir im Rechtsbogen ab. Vor einem Trafohaus halten wir uns links weiter, nunmehr auf unbefestigtem Weg jenseits des Bachs. Zwischen Bäumen bewegen wir uns bergauf in die Wiesen hinein. Bei einer Wegabzweigung steht eine kleine Kapelle mit einer Bank. Wir bleiben links am Talhang. Es geht auf und ab, teils zwischen Bäumen. Auch die Bachufer sind mit Bäumen bestanden. Im Talgrund ziehen sich ebenfalls einige Baumreihen hin. Jenseits steigt der Hang zu einem Waldberg auf; es ist der Geißberg.

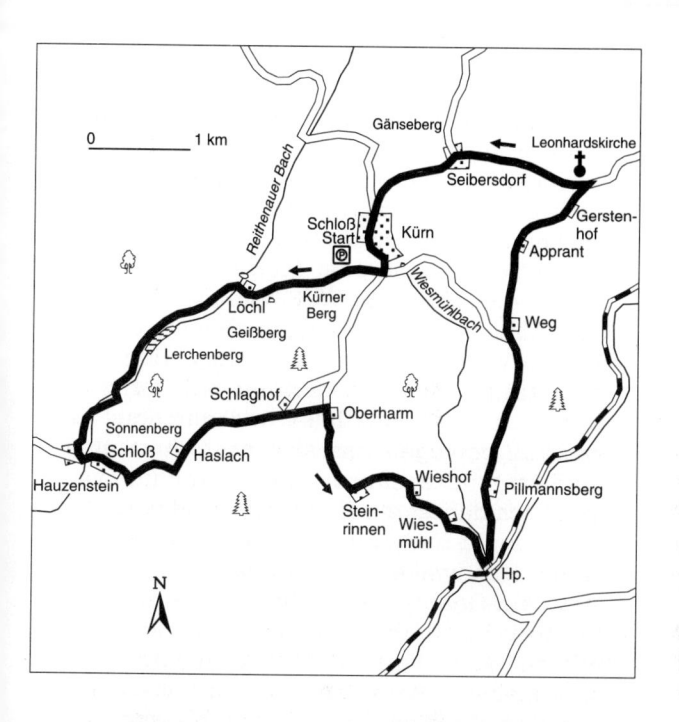

Auf den Sonnenberg

Im dichten Wald erreichen wir einen Stausee. Jenseits baut sich der Lerchenberg auf. Wir kommen zum Damm. Man könnte hier auf die andere Seite des Tals gehen und jenseits des Baches weiterwandern. Wir bleiben aber auf dieser Talseite, ein paar Meter oberhalb des Bachs, am Hang. Der Waldbereich wird über eine Allee verlassen. Dann stoßen wir erneut auf ein Waldstück, wo es in einen Hohlweg hinuntergeht. Bei einem Kreuz mit Christusfigur halten wir uns links und durchqueren das Tal, bewegen uns also nach links über die Bachbrücke und am anderen Talrand weiter. Auch das ist ein Hangweg. Bald wird der Bach erneut überquert. Wir erreichen wieder einen Stauweiher. Am Ende des Teiches steht ein Gehöft. Hier geht es links über die Bachbrücke. Durch den Hofbereich kommen wir zu einer Vorfahrtsstraße, rechts steht eine kleine Kapelle, und biegen links in die Schloßstraße, die zum Schloß Hauzenstein führt. Es ist ein Walmdachbau mit einem Turm aus dem 16./17. Jahrhundert. Im Erdgeschoß gibt es eine Schloßkapelle. Wir folgen der Schloßstraße bergauf bis zum Ende von Hauzenstein. Der Wald nimmt uns auf. Wir sind am Sonnenberg und verlassen auf seiner Höhe den Wald. Aber weiterhin säumen Bäume die Straße. Wir stoßen auf eine Vorfahrtsstraße und halten uns links an der Einöde Haslach vorbei.

Zum Pillmannsberg

Wir sind auf einer Hangstraße. Rechts fällt das Land sanft ab. Im Talgrund gibt es Bäume, und links zieht ein Hang zum Lerchenberg hoch, der bewaldet ist. In einem Rechtsbogen kommen wir bergab zum Waldrand. Wir schwenken in östliche Richtung und befinden uns auf einem Gratweg. Weit ist hier die Aussicht. Vor einem Gehöft, es ist der Schlaghof, biegen wir rechts ab und erreichen nach einigen Metern das Gehöft Oberharm. Hier halten wir uns rechts, südwärts. Ein Höhenweg führt durch Wiesengelände. Nach beiden Seiten fällt also das Land ab. In einiger Entfernung breitet sich Wald aus. Dazwischen gibt es einzelne Baum- und Buschgruppen. Beim Gehöft Steinrinnen wandern wir links hinunter zum Waldrand, ein Stück daran entlang und dann steil in den Wald hinein. In östlicher Richtung haben wir das Waldstück bald durchquert und stoßen auf freiem Feld mit einem Rechtsschwenk auf ein weiteres Gehöft, das am Waldrand liegt. Es ist der Wieshof. Im Linksbogen gehen wir um das Gehöft herum und steil bergab über das Feld. Auf der rechten Seite passieren wir einen Weiher, der von Bäumen gesäumt ist. Wir kommen zum Waldrand und halten uns links zu einem weiteren Bauernhof. Links verläuft die Mulde des Wiesmühlbachs. Innerhalb des Waldes bewegen wir uns bergab zu einer Vorfahrtsstraße. Ein Wanderparkplatz ist hier eingerichtet. Wir gehen links über die Bachbrücke, es ist die

Bahnhofstraße, die von Wenzenbach herkommt, und erreichen den Weiler Pillmannsberg. Über die Anhöhe wandern wir weiter in Richtung Norden. Auf der rechten Seite fällt das Land in ein steiles Tal ab.

Über St. Leonhard zurück

Erneut treffen wir auf Wald. Hier senkt sich der Weg leicht ab, steigt aber bald wieder an und überwindet eine Anhöhe. Bergab stoßen wir auf eine Häusergruppe und auf eine Abzweigung. Es geht rechts dem Schild »Pettenreuth« nach. Wir passieren den Weiler Weg. Wir sind auf einer Höhenstraße mit schöner Aussicht und kommen zum Gehöft Apprant. Von hier halten wir uns im Rechtsbogen abwärts und wieder hinauf auf eine Anhöhe, immer noch mit weiter Aussicht. Die Hügelgruppen staffeln sich in mehreren Stufen übereinander. Im Bogen wandern wir hinunter zum Weiler Gerstenhof. Es ist ein Hangweg. Am Ende des Weilers erreichen wir eine kleine Anhöhe mit der Leonhardskirche. Sie steht auf aussichtsreichem Punkt. Vor der Kapelle gehen wir im spitzen Winkel westwärts in den Wald hinunter. Der Weg verläuft zunächst neben einer Talwiese. Unten sieht man einen Weiher. Über eine Bachbrücke kommen wir in eine Wiesenbucht. Dann bewegen wir uns am Waldrand entlang. Links tut sich eine Wiesenmulde auf. Sie zieht nach Seibersdorf hinauf. Wir aber biegen am Waldrand etwas nach rechts und treffen auf einen Feldweg, der in westlicher Richtung direkt nach Seibersdorf hineinführt. Das Dorf wird bei einer kleinen Buschgruppe erreicht. An Büschen und Bäumen entlang geht es zu den Gehöften und dann links in eine Vorfahrtsstraße, die uns zu einer Dreieckkreuzung leitet. Hier schwenken wir links ab und gelangen südwestlich zum Ortsende. Wir stoßen auf ein Waldstück, wo am Fuß des Gänsebergs ein einzelnes Haus steht. Unser Weg macht einen Linksbogen. Die Straße ist mit Bäumen gesäumt und führt auf einer Landstufe über einer Talmulde nach einigen hundert Metern nach Kürn zurück.

Entfernung: 18 km
Gehzeit: 4½ Stunden
Topographische Karten: 1:25.000, Blatt 6839, 6939
Fritsch-Wanderkarte »Stadt und Landkreis Regensburg«, Blatt 63

6. Zur Ruine Siegenstein und zum Kraxenmann auf dem Falkenberg

Gemeindezugehörigkeit: Brennberg

Ausgangsort: Bruckbach

Zufahrt/Lage:

Die Gemeinde Brennberg liegt am Nordostrand des Landkreises. Hier beginnt der »Wald«, der Bayerische Wald. Der Höllbach bildet die Gemeindegrenze nach Osten.
Um Zufahrten ist es schlecht bestellt. Von Regensburg führt eine Donauuferstraße bis unter die Walhalla und von hier zweigt ein Sträßchen in Richtung Falkenstein ab, das bereits im Nachbarlandkreis Cham liegt. Kurz vor der Landkreisgrenze kann man von dieser Straße ins wenige hundert Meter entfernte Brennberg abzweigen. Eine Straßenverbindung führt auch hinunter nach Wiesent und Wörth über der Donau.
Bruckbach liegt westlich von Brennberg an der Staatsstraße 2153, von der Muttergemeinde durch ein Teichgebiet getrennt, die Zintweiher, deren Quellzuflüsse unmittelbar am Ortsrand von Brennberg zu finden sind.

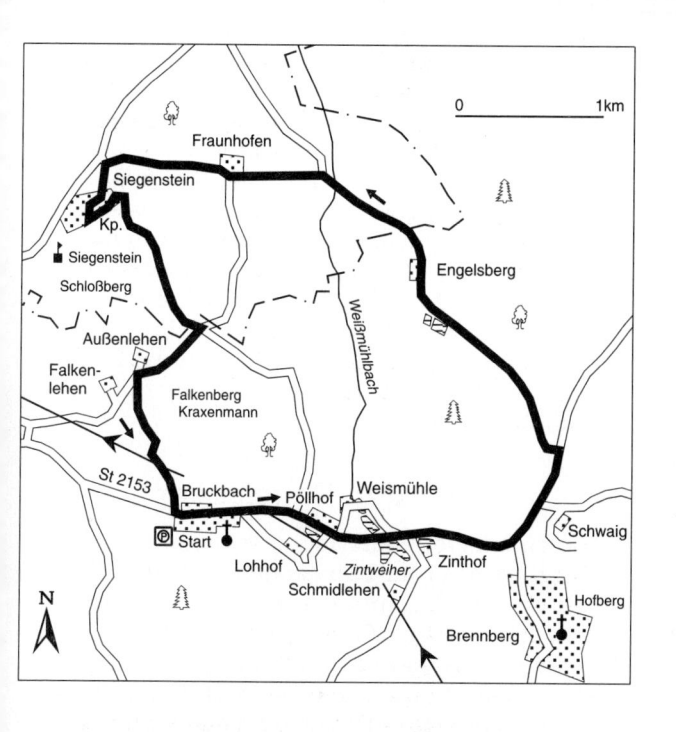

Verlauf der Wanderung:
Über die Zintweiher hinaus

Vom Gasthof Doblinger, einem Satteldachbau des 19. Jahrhunderts, gehen wir in östlicher Richtung auf das Ortsende zu. Die spätgotische Chorturmkirche bleibt rechts oberhalb der Straße liegen. Wir wandern über einem sanften Tal leicht bergauf. Den Talschluß bilden Waldhügel. Eine Überlandleitung wird unterquert. Vor uns liegt versteckt zwischen Bäumen am Hofberg das

Dorf Brennberg. Wir passieren einige der Zintweiher, die beiderseits des Weges liegen und von Büschen und Bäumen gesäumt werden. Einzelne Gehöfte stehen hier: das Schmidlehen, der Lohhof, der Pöllhof und zwischen den Weihern der Zinthof, ein ehemaliges Pfarrhaus. In leichtem Anstieg erreichen wir eine Dreieckkreuzung. Nach rechts geht es in den Ort Brennberg hinein. Wir bewegen uns aber an dieser Zufahrt vorbei und wandern im Linksbogen bergauf. Büsche wachsen am Straßenrand. Wir kommen zum Dorf Schwaig.

Über den Engelsberg

Bei einem Hof überwinden wir eine Anhöhe. Dann geht es im Linksbogen bergab. Bevor wir aber die Talmulde erreichen, schwenken wir links weg. Eine liebliche Landschaft umfängt uns. In der Hauptsache sieht man in den Tälern und an den Hängen Wiesen, nur wenig Felder. Die Höhen sind meist mit Wald bedeckt. Die Hänge steigen in Terrassen an. Busch- und Baumgruppen unterbrechen die Wiesenflächen. Längs des Weges erstreckt sich ein Weiher. Findlinge, gewaltige Granitbrocken, liegen in der Landschaft. Dann wird das Busch- und Baumwerk dichter. Wir kommen zum Waldrand und bewegen uns danach wieder über freies Feld. Erneut befinden sich Teiche am Wegesrand. Es geht zwischen Bäumen und Büschen bergab, bis Wald und Buschwerk zurücktritt. Der Weg steigt nun im Bogen an. Auf der linken Seite tut sich ein tiefes Tal auf. Am Hang dahinter liegen verstreut Gehöfte. Wir erreichen das Gehöft Engelsberg, das auf einer Anhöhe steht und eine schöne Aussicht in die Täler ringsum bietet. Steiler wandern wir bergab. Rechts des Weges ist Wald. Endlich kommen wir ganz zwischen die Bäume und verlassen den Landkreis Regensburg für ein Wegstück.

Auf Schloß- und Falkenberg

Steil verläuft der Weg jetzt aus dem Wald in eine tiefe Talmulde. Auf einer Anhöhe sehen wir das Gut Fraunhofen. Nach einer Bachbrücke schwenken wir links weg. Hier steht ein gewaltiger Spitzahornbaum. Der schmale befestigte Weg steigt zu den Häusern von Fraunhofen an. Wir wandern weiter. Am rechten Wegesrand findet sich ein Teich. Links fällt das Land steil in eine breite Talmulde. Auch wir kommen ins Tal. Birken säumen den Weg. Über eine Bachbrücke, hier steht eine Bank, gelangen wir nach Siegenstein. Gleich bei den ersten Häusern biegen wir links in eine buschgesäumte Straße hoch. Der Weg schraubt sich steil in die Höhe. Eine Stitzgruppe mit einer Wanderwegtafel wird erreicht. Vorbei an einer Bank stoßen wir auf eine Sackgasse, in die wir einen Abstecher machen. Wir kommen zu einer Kapelle, die an einen Felsen geschmiegt ist und zu der Stufen hinaufführen. Hinter der Kapelle treffen wir auf ein Gehöft. Vor dessen Toreinfahrt zieht ein Pfad rechts hinauf zur Burgruine. Man sieht nur ein Paar Mauerreste auf einer

Kuppe. Wir gehen zurück zum Anfang der Sackgasse. Ein querverlaufender Fahrweg nimmt uns nach rechts auf. Ein Grat leitet abwärts. Auf der rechten Seite senkt sich das Land in eine Talmulde. Unser Weg macht nun einen Rechtsbogen und führt auf Wald zu. Wir wandern, an einer Birkenreihe vorbei, hinein und durchqueren abwärts ein am Hang liegendes Gehöft. Eine Querstraße wird erreicht. Es geht rechts hinunter und bald wieder hinauf auf ein Gehöft zu, das Außenlehen heißt. Wir sind am Fuß des Falkenberges. Kurz vor dem Gehöft zieht nach links im spitzen Winkel ein schmaler, verwachsener Pfad in südlicher Richtung sehr steil hoch in den Wald. Überall finden wir hier verstreut Granitblöcke und auf der Höhe Steinformationen, von denen eine den Namen »Kraxenmann« bekommen hat. Wer will, kann Pfadfinder spielen und südwärts bergab, teils weglos, dem Talgrund und dem Gehöft Falkenlehen zusteuern. Wer sich nicht sicher ist, geht zurück auf das Sträßchen beim Außenlehen, biegt links ab und hält sich bei einer Dreieckkreuzung erneut links, um zu dem Gehöft im Falkental zu kommen. Bergauf erreichen wir den Ortsanfang von Bruckbach und schwenken links in die Vorfahrtsstraße.

Entfernung: 12 km
Gehzeit: 3 Stunden
Topographische Karte: 1:25.000, Blatt 6940
Fritsch-Wanderkarte »Stadt und Landkreis Regensburg«, Blatt 63

7. Durch das Wuzenholz zum Eichhofener Schloß

Gemeindezugehörigkeit: Deuerling

Ausgangsort: Deuerling

Zufahrt/Lage:

Die Streusiedlung Deuerling ist von Regensburg aus über die Bundesstraße 8 in Richtung Nürnberg zu erreichen. Es gibt den Ortsteil Deuerling-Bahnhof, der an der Bahnlinie über dem Talboden liegt, durch den die Eisenbahn und die Bundesstraße führen.

Der Kernbereich des Dorfes baut sich links und rechts der Schwarzen Laaber am Zufluß des Bachmühlbachs auf. Wer den Ort über die Autobahn erreichen will, kann die Ausfahrt Nittendorf der A 3 Regensburg–Nürnberg benutzen.

Hier gibt es ausgedehnte Wälder, die Landschaft ist von Jurafelsen gekennzeichnet. Die Höhen sind vom Tal der Schwarzen Laaber durchschnitten.

Verlauf der Wanderung:

Zu den Felsen im Frauenholz

Unsere Wanderung beginnt an der Dreieckkreuzung unterm Martinssteig in der Regensburger Straße. Wir halten uns den Martinssteig hoch und erreichen auch die Martinskirche. Nach dem Gotteshaus biegen wir links in Richtung Hillohe ab. Es ist ein Hangweg, der bergauf führt. Eine Anhöhe wird überwunden. Wir haben bereits eine schöne Aussicht, vor allem auf die Wacholderhänge über dem Tal der Schwarzen Laaber. Die Höhenstraße zieht durch ein Land, das mit Büschen und Bäumen durchsetzt ist. Bergab stoßen wir auf die Häuser von Hillohe. Gleich am Anfang steht eine Wegkapelle aus dem 19. Jahrhundert unter einer großen Linde. Zwischen den Häusern treffen wir auf eine Vorfahrtsstraße, die uns nach rechts aufnimmt. Ein einzelner Bauernhof wird passiert. Wir folgen wieder einem Hangweg. Das Land fällt nach links ab. Der befestigte Weg endet. Über Stufen, die mit Buschreihen besetzt sind, wandern wir aufwärts. Auch unser Weg wird von Büschen begleitet. Er verzweigt. Wir halten uns links etwas bergab und kommen im Bogen steil hoch zu den Häusern von Heimberg. Es ist ein bäuerlicher Ort. Ganz auf der Höhe schwenken wir im Rechtsbogen auf einen befestigten Fahrweg. Es geht nochmals bergauf. Die Anhöhe wird beim Feuerwehrhaus überwunden. Nach einem Stück über freies Feld gelangen wir zu einer Kapelle, die ebenfalls aus dem 19. Jahrhundert stammt. Bei einem Bushäuschen bietet sich uns die Gelegenheit, rechts abzuzweigen. Wir folgen der Dorfstraße und verlassen die Siedlung in Richtung Bachleiten. Der Höhenweg erlaubt eine weite Aussicht. Er fällt steil ab. Links steht ein einzelnes Gehöft. Wir erreichen ein Waldstück, wandern hinein und biegen gleich am Anfang links ab. Nach einem Anwesen sind wir wieder auf einem Hangweg, der leicht ansteigt. Bei einem Wegdreieck überwinden wir eine Anhöhe und halten uns geradeaus auf den Wald zu. Bergab bewegen wir uns am Waldrand entlang und stoßen in einen Waldwinkel. Hier schwenken wir links weg und wandern am Rand weiter, wo wir auf ein Tiergehege treffen. Der verwachsene Weg folgt einem Zaun bergab. Im Wald geht es rechts, westwärts, am Hang weiter. Auf der linken Seite fällt das Land steil ab. Eine

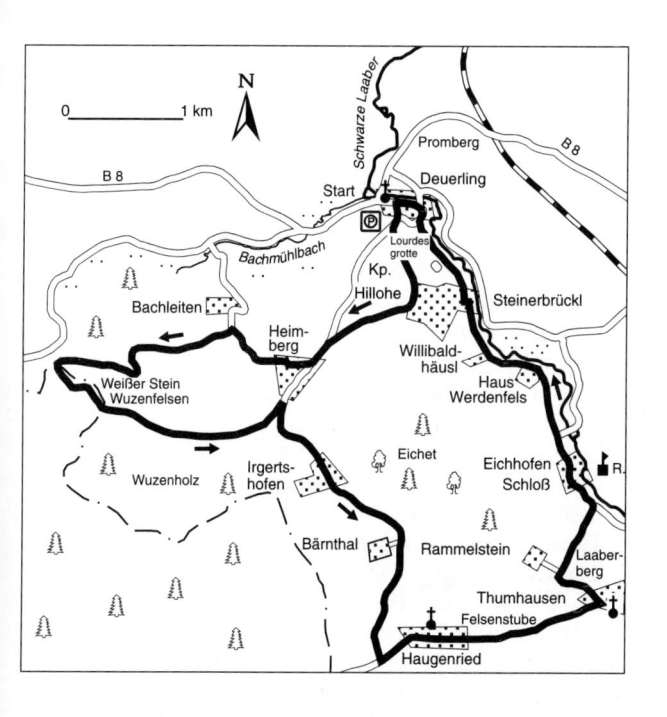

Waldlichtung wird passiert. Dann wendet sich der Weg nach rechts zu einer Dreieckkreuzung. Hier halten wir uns links hinunter und sind in genau westlicher Richtung auf einem Grat. Rechts ist ein Steilabfall. Bald geht es steil bergab, immer noch westwärts. Felsblöcke tauchen auf. Im Talboden nimmt uns eine Fahrstraße nach links auf, linker Hand befinden sich die Felsformationen mit den Namen »Weißer Stein« und »Wuzenfelsen«.

Nach Haugenried

Wir sind auch im Wuzenholz und folgen der Talschlucht in südöstlicher Richtung. Beim Schild »Naturschutzgebiet« mündet ein Forstweg ein. Dann kommt ein weiterer Forstweg den Hang herunter. Hier biegen wir links, ostwärts, hoch. Der verwachsene Weg verläuft neben einer Grabenmulde immer bergauf. Bei einer Wegabzweigung halten wir uns links. Es wird ebener, und der Waldrand ist nahe. Ein Stück bewegen wir uns an einer Feldbucht entlang. Schließlich geht es über die Felder bergauf. Vor dem Ortsrand von Heimberg schwenken wir bei einem Trafohäuschen rechts im spitzen Winkel nach Süden. Der Gratweg führt bergab, macht einen Linksschwenk und einen leichten Rechtsbogen und bietet eine weite Aussicht über die flachen Hügel, die mit Waldstücken durchsetzt sind, und über die Felder, denen Busch- und Baumgruppen ein reizvolles Aussehen geben. Steil abwärts erreichen wir Irgertshofen, das zur Gemeinde Nittendorf gehört. Die Weilerkapelle hat einen kleinen Glockenturm. In einer Senke verlassen wir die Häuser und kommen bergauf zum Waldrand des Eichet. Eine Feldeinbuchtung wird durchquert. Dann bleiben wir noch ein Stück am Waldrand. Schließlich gehen wir im Bogen von den Bäumen weg, wieder nach Süden. Eine Anhöhe wird überwunden. Die Abzweigung nach Bärnthal beachten wir nicht und wandern zwischen den flachen Hügeln auf und ab. Auf der rechten Seite dehnt sich das Paintner Holz aus. Nach einigem Hin und Her stoßen wir auf eine Vorfahrtsstraße, in die wir links einbiegen. Eine zweite Vorfahrtsstraße nimmt uns auf. Sie leitet nach Haugenried hinein.

Im Laabertal zurück

Wir sind auf der Kelheimer Straße. Auf der linken Seite gegen Ortsende steht die romanische Chorturmkirche St. Nikolaus, ein steinerner Bau mit einem dicken Turm, der fast mächtiger ist als das Schiff. Bei den letzten Häusern können wir zur »Felsenstube« abzweigen, einer Felsformation am Waldrand. Danach halten wir uns auf dem Fahrweg nach Osten. Wir überwinden eine Anhöhe, sehen links im Tal das Gut Rammelstein und vor uns Thumhausen. Im Dorf biegen wir links in den Rammelsteiner Weg. Es geht bergab. Aber vor Rammelstein schwenken wir rechts weg. Eine Landstufe führt uns immer noch abwärts dem Wald zu. Am Waldrand, unterhalb des Laaberberges, der sich rechts neben einer Talschlucht aufbaut, bewegen wir uns weiter. Der Waldstreifen wird auf einem Grat zwischen zwei Abstürzen durchquert. Danach sehen wir vor uns den Turm der Ruine von Eichhofen jenseits über dem Tal der Laaber. Kurz vor der Fahrstraße im Tal muß eine Schranke überwunden werden. Wir biegen links in die Von-Rosenbusch-Straße und kommen nach Eichhofen hinein. Das Schloß hier stammt aus der Mitte des 16. Jahrhunderts, wurde aber 1866 umgebaut. Am Brauereigebäude ist ein Wappen und die Jahreszahl 1692 zu sehen. Wer will, kann vor dem Schloßbereich über den Fluß gehen und einen Abstecher zur Turmruine machen. Wir passieren den Brauereigasthof mit Biergarten. Hier findet sich ein Torbogen mit der Inschrift »Gottes Segen bei deinem Ausgang«. Eine Landstufe über der Schwarzen Laaber nimmt uns auf. Wir sind am Waldhang. Dort, wo die Straße nach rechts über die Brücke abzweigt, spazieren wir geradeaus am Fuß des Waldhügels weiter und folgen dem Flußtal in etwa nördlicher Richtung. Wo der Fluß nach Westen schwenkt, treffen wir auf Haus Werdenfels, eine Anstalt mit mehreren Gebäuden. Nach ein paar Schritten ist das Willibaldhäusl, eine unbewohnte Häusergruppe, erreicht. Hier verzweigt der Weg. Wir gehen rechts, hauptsächlich in nördlicher Richtung, auf das Dorf Steinerbrückl zu. Hier gibt es eine Brücke über die Schwarze Laaber. Wir halten uns links in einen querverlaufenden

Weg, um gleich rechts abzubiegen, immer noch dem Flußufer nach. Am Wegesrand stehen einzelne Häuser. Links baut sich dann ein Waldhang auf. Wer will, kann zur Lourdesgrotte hinübergehen. Am Sportplatz vorbei kehren wir nach Deuerling zurück und spazieren zur Dreieckkreuzung unterhalb des Martinssteigs.

Entfernung: 12 km
Gehzeit: 3 Stunden
Topographische Karte: 1:25.000, Blatt 6937
Fritsch-Wanderkarte »Stadt und Landkreis Regensburg«, Blatt 63

8. Über Duggendorf ins Girnitztal

Gemeindezugehörigkeit: Duggendorf

Ausgangsort: Heitzenhofen

Zufahrt/Lage:

Die Naab erreicht, aus dem Landkreis Schwandorf kommend, bei Schirndorf den Landkreis Regensburg und fließt westlich der ehemaligen freien Reichsstadt in die Donau.

Heitzenhofen liegt wie die Muttergemeinde Duggendorf in der Mitte zwischen der Landkreisgrenze im Norden und der Stadt Regensburg direkt am Flußufer der Naab. Das Dorf ist über eine Uferstraße direkt von Regensburg aus zu erreichen. Wer Zeit sparen will, benutzt die Autobahn A 3 Regensburg–Nürnberg bis zur Ausfahrt Laaber und gelangt über Brunn und Wischenhofen nach Heitzenhofen. Dichte Wälder breiten sich um die wenigen Rodungsinseln aus. Nordwestlich des kleinen Dorfes Heitzenhofen hat sich, beginnend beim Hängberg, eine tiefe Schlucht bis unter den Girnitzberg eingegraben, die Girnitzschlucht.

Aber schon der Ausgangsort unserer Wanderung ist attraktiv, gibt es doch in Heitzenhofen, das sich beiderseits der Naab ausbreitet, ein Schloß aus wohl spätmittelalterlicher Zeit, eine hübsche Treppengiebelanlage, die

1899 zur heutigen Form umgestaltet wurde, gegenüber eine stattliche Mühle mit Elektrizitätswerk, die St.-Wolfgangs-Kapelle aus dem Jahre 1715, den Backofen aus dem gleichen Jahr – alles um den Schloßplatz gereiht, und nicht zu vergessen die Schloßgaststätte aus dem 17./18. Jahrhundert.

Verlauf der Wanderung: Naababwärts

Wir starten also bei Schloß und Mühle. Wir spazieren, an der Schloßwirtschaft mit Biergarten vorbei, südwärts am Naabufer entlang. Links steigen am Schluß des Tales Waldhöhen auf. Das Flußufer ist mit Weiden und Erlen bestanden. Nach ein paar hundert Metern erreichen wir einen Turm, an dem die Hochwasserjahre eingetragen sind. Unser Weg am Hang über dem Ufer steigt sanft an. Wir sehen bereits auf die Häuser von Duggendorf. Bei den Häusern von Kleinduggendorf gehen wir über die Naabbrücke, stoßen auf den Gasthof J. Bauer und biegen hier links ab. Nach wenigen Schritten folgen wir rechts der Hütgasse und wandern bis zum Ortsende bergauf.

Über Wischenhofen in die Hochebene

Wir folgen dem Talkessel zwischen Rieselberg und Mittelberg. Aus den Waldhängen erheben sich Felsformationen. Kiefern und Wacholder wachsen hier, wobei die Kiefern die Wacholderbestände fast erdrücken. Links neben der Allee, auf der wir wandern, weitet sich der Talboden. Danach wird es auf der rechten Seite unseres Weges lichter. Es ist nicht mehr so steil. Die Wiesenhänge sind mit Buschwerk durchsetzt. In der Hauptsache ist Westen unsere Richtung. Zwischen Wiesen kommen wir bergauf dem Wald zu, den wir in einem kleinen Wegknick erreichen. Über eine Landstufe gehen wir weiter bergauf, bis wir schließlich im Wald auf einen Querweg stoßen. Hier schwenken wir rechts hinunter und in Bogen wieder aus dem Forst. Ein Stück noch bewegen wir uns am Waldrand entlang. Dann treten die Bäume zurück und der Blick auf die Häuser von Wischenhofen wird frei. Am Ortsrand treffen wir auf den Gasthof Hummel und biegen links in das Dorf hinein auf die Hochdorfer Straße, die nach Norden führt. Sehenswert in Wischenhofen sind die Kapelle St. Philippus und Jakobus, ein im Kern mittelalterlicher Bau mit einem barocken Langhaus, und das Schloß, ein Bau aus dem 18. Jahrhundert. Ansteigend verlassen wir den Ortsbereich, folgen einem Höhenweg, überwinden eine leichte Kuppe, durchwandern eine Talmulde und haben Hochdorf vor uns liegen, einen Ort auf einem Hochplateau.

Der Schlucht zu

Auf dem Weg in das Dorf bietet sich ein weiter Ausblick über die Waldhöhen. Wir sind auf der Hofmarkstraße, passieren die Kirche

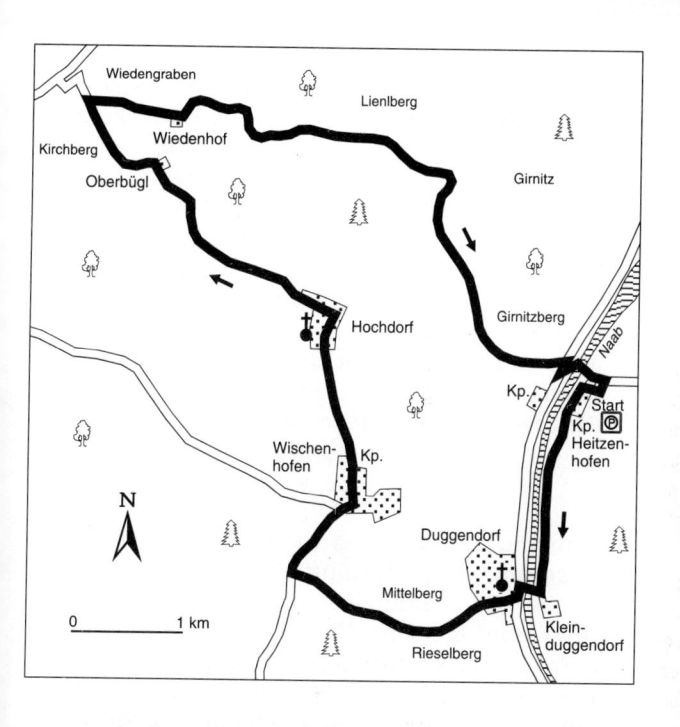

St. Sebastian und machen einen Abstecher zur Schloßgaststätte, die einst das Schloß war. Dann teilt sich der Weg. Wir halten uns rechts hinunter, vorbei an den letzten Häusern, wo es noch einmal eine Wegabzweigung gibt, steuern nun links auf den Waldrand zu, erreichen bergab den Forst, gehen ein Stück am Rand entlang und gelangen, immer noch absteigend, zum jenseitigen Waldende. Hier biegen wir rechts ab und kommen durch eine Talsenke. Danach führt der Weg aufwärts vom Wald weg und schwenkt links zu den Gebäuden von Oberbügl. Wir durchqueren auf dem Höhenweg das Gehöft, wenden uns dann nach links, nach Westen, und wandern über einen Buckel im Rechtsschwenk zum Wald hinunter. Es ist der Kirchberg, den wir im Anstieg überwinden. Schließlich folgen wir einem Gratweg und stoßen auf eine Abzweigung, die uns in östlicher Richtung zum Wiedenhof bringt. Beim Wiedenhof leitet ein Feldweg links hinunter wieder dem Wald zu und im Rechtsbogen in den Forst hinein. Wir kommen jetzt zum Wiedengraben.

Durch das Girnitztal zurück

Nun müssen wir uns rechts halten. Neben unserem Weg verläuft links eine kleine Senke. Eine Schneise mit einer Telefonleitung wird erreicht. Es geht noch ein wenig bergab. Ganz unten im Talboden schwenken wir rechts ab und sind im Girnitztal, auf einem stellenweise verwachsenen Weg, der zunächst hauptsächlich in östliche Richtung leitet. Gelegentlich steigen die Waldhänge steil an. Wir treffen auf eine Kreuzung mit Wanderwegschildern. Ein rotes Viereck weist geradeaus in Richtung Girnitzgraben–Heitzenhofen. Eine Rechtsabzweigung mit rotem Dreieck führt nach Kallmünz. Wir folgen dem roten Viereck in eine wilde Wald- und Schluchtenszenerie. Vom Hang kommt ein Weg herunter. Wir bleiben unten. Ab und zu unterbrechen lichte Wacholderhänge den Wald mit den Felsformationen. In der Hauptsache steigen wir bergab, aber manchmal auch wieder aufwärts. Nach dem Lienlberg schwenkt das Tal nach Süden. Ein Wendeplatz wird erreicht. Wir halten uns links weiter, und aus unserem Weg wird ein Pfad. Jetzt ist der Talgrund auf der rechten Seite. Links baut sich ein Steilhang mit Felsformationen auf. Nun folgen wir dem tiefsten Teil des Talgrundes und wandern schließlich am Hang über dem Grund weiter. Ab und zu weitet sich jetzt der Talboden. Rechts sieht man über einer Landstufe eine Waldlichtung. Dann wird der Talboden breiter. Die Hänge steigen sanfter an und sind mit Büschen und Bäumen durchsetzt. Das Tal zieht sich zwischen die Wiesen hinaus. Wir bewegen uns auf einer Landstufe über der Talmulde. Auf der linken Seite baut sich der Girnitzberg auf. Wir sehen bereits die ersten Häuser von Heitzenhofen. Felsformationen unterbrechen die Hänge. Wir stoßen auf einen querverlaufenden Weg, auf der linken Seite steht eine Kapelle, und verlassen das Girnitztal, uns links haltend, in die Amberger Straße. Dann schwenken wir rechts über die Naabbrücke und gehen rechts zurück zu den Häusern von Heitzenhofen.

Entfernung: 16 km
Gehzeit: 4 Stunden
Topographische Karte: 1:25.000, Blatt 6837
Fritsch-Wanderkarte »Stadt und Landkreis Regensburg«, Blatt 63

9. Lichtenwald, Silberweiher und Walhalla

Gemeindezugehörigkeit: Donaustauf

Ausgangsort: Sulzbach

Zufahrt/Lage:

Wenige Kilometer östlich von Regensburg, zwischen der Donau und bewaldeten Bergen, gruppieren sich die Häuser von Donaustauf malerisch um den Burgberg. Der Ort grenzt an die Höhe, auf der die Walhalla erbaut ist und deren westlicher Ausläufer die eindrucksvolle Kirche St. Salvator trägt. Donaustauf ist von Regensburg aus über die gut ausgebaute Donauuferstraße zu erreichen.

Einige hundert Meter östlich von Donaustauf erhebt sich auf dem Bräuberg die Walhalla, ein mächtiger Marmorbau, dem griechischen Parthenontempel nachempfunden. Sie ist weit über die Donauniederung sichtbar. Die Walhalla wurde zwischen 1830 und 1842 nach Plänen von Leo von Klenze unter König Ludwig I. errichtet und enthält Marmorbüsten von bedeutenden deutschen Persönlichkeiten. Das Gebäude ist vom 1. April bis 30. September von 9 bis 17.45 Uhr geöffnet, bis 31. Oktober von 9 bis 16.45 Uhr und vom 2. November bis 31. März von 10 bis 11.40 Uhr und von 13 bis 16.45 Uhr.

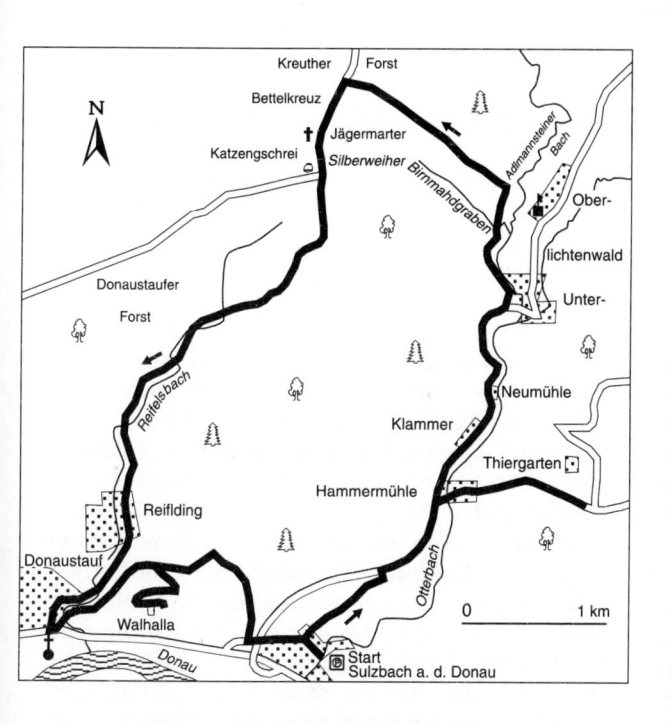

Verlauf der Wanderung: Über Lichtenwald zum Bettelkreuz

In Sulzbach, das knapp 2 Kilometer östlich von Donaustauf liegt, starten wir am Otterbach in der Otterbachstraße beim Maibaum. Wir gehen von der Brücke erst in nördlicher, dann in nordwestlicher Richtung zur Falkensteiner Straße, biegen hier rechts ein und erreichen, an einer Siedlung vorbei, die Staatsstraße 2145, die als Umgehungsstraße ausgebaut ist. Wir wandern in Richtung Unterlichtenwald und gelangen alsbald zur Hammermühle, einem Gasthaus mit Biergarten. Auf der Straße nach Lichtenwald geht es weiter. Im engen Tal des Otterbachs kommen wir zwischen steilen Waldhügeln durch die Einöde Klammer und nach wenigen Schritten in den Bereich der Neumühle. Der Weg schlängelt sich am Hang des Tales hin und her. Dann weitet sich das Tal. Der Weg schwenkt nach rechts, und wir sehen die ersten Häuser von Unterlichtenwald. Die Dörfchen Lichtenwald, genauer gesagt Unter- und Oberlichtenwald, liegen auf einem Grat zwischen dem Tal des Otterbachs und dem Tal des Adlmannsteiner Bachs. Wir folgen nicht dem Wegschwenk, sondern bleiben am Waldrand in nördlicher Richtung, also am Hang des Adlmannsteiner Bachs. Beim Birnmahdgraben halten wir uns links in den Wald hinein. Nach wenigen Schritten geht es aber rechts weg. Wir steigen nun parallel zum Adlmannsteiner Tal steil aufwärts. Der breite Forstweg macht einen Linksschwenk nach Nordwesten hinauf in den Mischwald, der dicht mit Unterholz besetzt ist. Bei einem Hochstand biegt unser Weg nach rechts. Jetzt ist es nicht mehr ganz so steil, aber immer noch bewegen wir uns stetig aufwärts. Auf der Höhe des Kreuther Forstes verzweigt der Weg. Wir bleiben links in der bisherigen Richtung. Noch geht es ein wenig bergauf und dann hinunter zu einer Kreuzung. Wer geradeaus weiterwandert, kommt nach Wenzenbach. Nach rechts kann man Bernhardswald erreichen. Bei den Revieren »Bettelkreuz« und »Katzengeschrei« schwenken wir links weg.

Das Reifelsbachtal hinunter

In südlicher Richtung steigt der Weg noch etwas an. Er teilt sich. Wir halten uns links und überwinden bei der Jägermarter eine Anhöhe. Danach kommen wir zum Silberweiher hinunter, einem kleinen Tümpel mitten im Wald. Eine Mehrfachkreuzung nimmt uns auf. Hier könnte man nach links zur Hammermühle hinunterwandern. Rechts leitet ein Weg nach Donaustauf. Wir gehen geradeaus. Es ist ein Gratweg, der etwas hin- und herführt, aber hauptsächlich in südwestlicher Richtung verläuft. In immer größeren Bogen bewegen wir uns hinunter. Eine weitere Kreuzung wird passiert. Zwischendurch gibt es steilere Wegstücke. Dann sind wir am Hang. Rechts steigt der Waldhügel etwas an. Wir kommen zum Rand des Reifelsbachtals. Die Bachschlucht wird immer tiefer, und wir folgen dem Ufer bergab, einmal auf der linken, einmal auf der rechten Bachseite. Die Wände der Talschlucht werden höher. Nun öffnet sich eine Talwiese. Bald darauf sind wir am Ortsschild von Donaustauf. Jetzt ist der Weg befestigt. Die Häuser von Reiflding werden erreicht, die sich teilweise in die Talschlucht schmiegen. Wir folgen der Bergstraße, gehen rechts in einen querverlaufenden Weg, kommen an einer kleinen Ortskapelle vorbei und sehen dann vor uns am

Hang jenseits des Talbodens die Kirche St. Salvator. Über freies Feld gelangen wir auf einem Fußweg zu einem Fahrweg. Hier laden Bänke zur Rast. Bei einem Sperrschild im Talboden schwenken wir links weg und stoßen auf eine Vorfahrtsstraße, in die wir ebenfalls links einbiegen. Es ist die Zufahrt zur Walhalla. Bald verzweigt der Weg. Rechts geht es zu den Parkplätzen und zur Walhalla. Wir machen einen Abstecher dorthin, wandern aber wieder zu unserem Weg zurück und bewegen uns in östlicher Richtung weiter. Einzelne Häuser stehen am Wegesrand, und wir sind den Donauuferhängen nahe. Rechts führt ein für landwirtschaftliche Fahrzeuge freier Weg, einer Buschreihe folgend, auf einer Landstufe hinunter. Unten nimmt uns eine querverlaufende Straße nach links auf. Über die Zufahrt zur Schnellstraße kommen wir geradeaus in östlicher Richtung nach Sulzbach hinein und erreichen alsbald die Otterbachstraße.

Entfernung: 14 km
Gehzeit: 3½ Stunden
Topographische Karte: 1:25.000, Blatt 6939
Fritsch-Wanderkarte »Stadt und Landkreis Regensburg«, Blatt 63

10. Bärenhöhle, Tal der Schwarzen Laaber und Hiaslhöhle

Gemeindezugehörigkeit: Hemau

Ausgangsort: Hemau

Zufahrt/Lage:

Die Stadt auf dem 520 Meter hohen Plateau des Tangrintl zwischen Altmühl- und Laabertal liegt westlich von Regensburg an der Bundesstraße 8.

In Hemau fallen die zahlreichen Wandgemälde an den Häusern auf, die teils historische Anlässe versinnbildlichen und durch ihre bunte Darstellung das Stadtbild bereichern.

Verlauf der Wanderung:

Zur Keltenschanze

Vom Marktplatz führt unser Weg in südöstlicher Richtung. Wir durchqueren das Ortszentrum und kommen zu einer kleinen Kapelle, hinter der wir gleich links abbiegen. Wir sind auf der Haager Straße. Sie leitet uns durch das Industriegebiet zu einer Vorfahrtsstraße, die das Gelände einer Bundeswehrgarnison begrenzt. Wir gehen links weg. Der Weg macht einen großen Rechtsbogen um die militärischen Anlagen. In östlicher Richtung erreichen wir den Waldrand und dahinter eine Lichtung, die an einem Waldvorsprung endet. In diesem Waldvorsprung liegt versteckt eine Keltenschanze. Hier gibt es auch einen Weiher mit einer Bank. Nach dem Wald bietet sich eine umfassende Aussicht vor allem nach Norden und Osten. Der Weg knickt ab. Wir überqueren eine Kreuzung und kommen zu den Häusern von Laufenthal.

Ins Tal der Schwarzen Laaber

Der Weg führt steil ins Tal, an den am Hang verstreuten Häusern vorbei, und im Bogen zur Kirche St. Ottilia. Danach stoßen wir auf eine Vorfahrtsstraße und schwenken links weg. Es geht weiter abwärts. Ein wunderschönes Tal erschließt sich uns. Der sanft ansteigende Hang ist mit Büschen besetzt. Am Wegesrand sind Bänke aufgestellt. Wir steuern auf ein Waldstück zu. Hier fällt der Weg mit 11 % Gefälle ab. Rechts verläuft eine Grabenschlucht. Nach wenigen hundert Metern ist Beilnstein erreicht, das im Tal der Schwarzen Laaber liegt. Wir halten uns nach den ersten Häusern links und können hier einen Abstecher zur nahen Bärenhöhle machen. Dann folgen wir dem Tal der Schwarzen Laaber. Der Fluß zieht in starken Bogen durch einen breiten grünen Talboden, an dessen Rändern die Waldhänge steil aufstreben. Die Ufer sind dicht mit Erlen bewachsen. Aus den Waldhängen ragen Felsformationen. Wir treffen auf eine Vorfahrtsstraße. Nach rechts führt eine große Brücke über die Laaber. Direkt am Ufer jenseits der Straßenkreuzung liegt die Friesenmühle, in die man einkehren kann. Es gibt auch einen Biergarten. Unser Weiterweg leitet aber vor der querverlaufenden Straße links auf dem Fußweg in das Kesseltal.

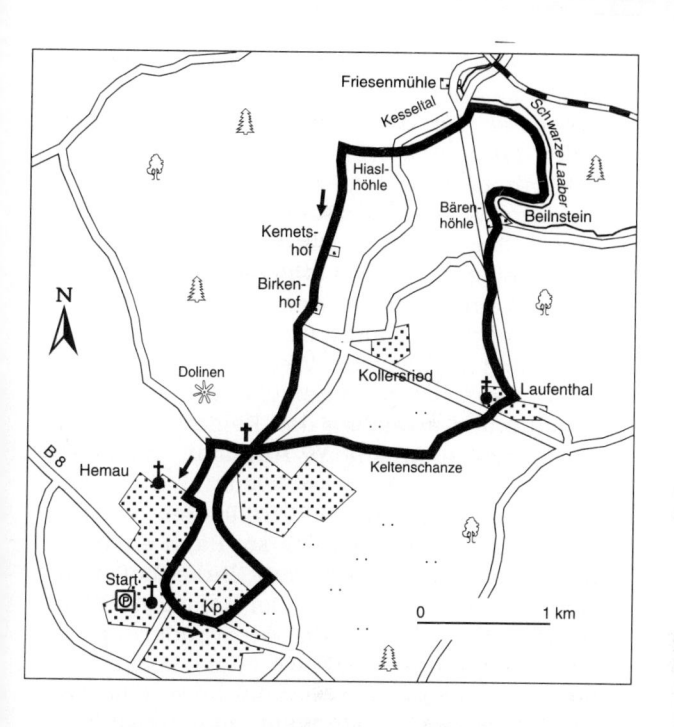

Über den Birkenhof zurück

Ein kleiner Graben am Waldhang begleitet uns. Im Rechtsschwenk kommen wir unter der Fahrstraße hindurch. Nach der Unterführung lädt eine Bank zur Rast. Wir halten uns links weiter und können von hier einen Abstecher zur Hiaslhöhle machen. Ein Pfad führt dahin. Die Höhle findet sich in einer Felsformation. Wir gehen wieder zurück zu unserem Waldweg, gelangen zu einer Lichtung mit Bank. Wir durchqueren eine Lichtung, gelangen bald in eine Feldbucht, bewegen uns am Waldrand weiter, Bänke sind hier aufgestellt, und halten uns steil bergauf. Die Feldbucht weitet sich. Wenn wir vom Waldrand wegkommen, überschreiten wir eine Anhöhe und erreichen den Kemetshof. Jetzt bietet sich eine schöne Aussicht, vor allen Dingen hinüber nach Kollersried und auf die Hänge bei Laufenthal. Wir stoßen wieder auf Wald, gehen ein Stück am Rand entlang, passieren die Häuser von Birkenhof und sind am Hemaubrunnen. Der befestigte Weg schwenkt hier links weg. Wir wandern geradeaus weiter und folgen einem Hangweg, der von Büschen gesäumt ist. Links fällt das Land in eine flache Mulde ab, rechts steigt es zum Reiselberg hoch. Hier gibt es Dolinen. Der Weg, nun von dichten Buschreihen gesäumt, wird steiler und biegt zu einer Fahrstraße. Hier steht ein Feldkreuz mit einer Bank. An dieser Stelle halten wir uns rechts in einen Feldweg, der bergauf in westlicher Richtung an einer Buschreihe entlangleitet. Es bietet sich wieder eine weite Aussicht. Wir kommen erneut zu einer Fahrstraße und schwenken links ab. Der Höhenweg bringt uns zu den ersten Häusern von Hemau. Beim Ortsschild biegen wir links ab.

Rechts steht ein Kirchlein. Wir sind auf der Flinksberger Straße. Sie läßt uns eine querverlaufende Vorfahrtsstraße erreichen, die uns nach rechts aufnimmt. Wir gehen auf dem Fußweg neben der Beratzhausener Straße, passieren einen Landgasthof und wenden uns links in die Vorfahrtsstraße. Hier gibt es den Gasthof Erich Kollmer und den Gasthof zur Post. Beim alten Rathaus schwenken wir rechts in die Riedenburger Straße und unterhalb der Kirche links zu den Parkplätzen am Markt.

Entfernung: 14 km
Gehzeit: 3½ Stunden
Topographische Karte: 1:25.000, Blatt 6936
Fritsch-Wanderkarte »Stadt und Landkreis Regensburg«, Blatt 63

11. Zum Waldbad

Gemeindezugehörigkeit: Hemau
Ausgangsort: Aichkirchen

Zufahrt/Lage:

Der kleine Ort Aichkirchen liegt auf den zur Donau und zum Altmühltal auslaufenden Jurahöhen, 6 Kilometer südlich der Muttergemeinde Hemau. Von Regensburg erreicht man das Dorf über die Bundesautobahn A 3 bis zur Ausfahrt Nittendorf, dann auf der Bundesstraße 8 bis Hemau und von hier entweder über die Straße nach Painten, indem man hinter Höfen abzweigt, oder über die Riedenburger Straße mit Abzweigung bei Altenlohe und Zufahrt über Aicha.

Verlauf der Wanderung:
Über Grafenstadl in die Täler unterm Tangrintel

Der Tangrintel ist ein 520 Meter hoch gelegenes Plateau zwischen dem Altmühl- und dem Laabertal, in dessen Mitte die Stadt Hemau liegt. Die Senke zwischen dem höhergelegenen Aichkirchen und Hemau ist das Siebertal mit seinen Weihern und Bachläufen.

Wir wandern von der Kirche aus in südlicher Richtung auf eine Dreieckkreuzung zu und folgen hier links dem Schild »Painten«. Am Ortsende schwenkt der Weg nach links, nach Westen, und führt bergab. Die Höhen hier sind flach. Ausgedehnte Waldstücke unter-

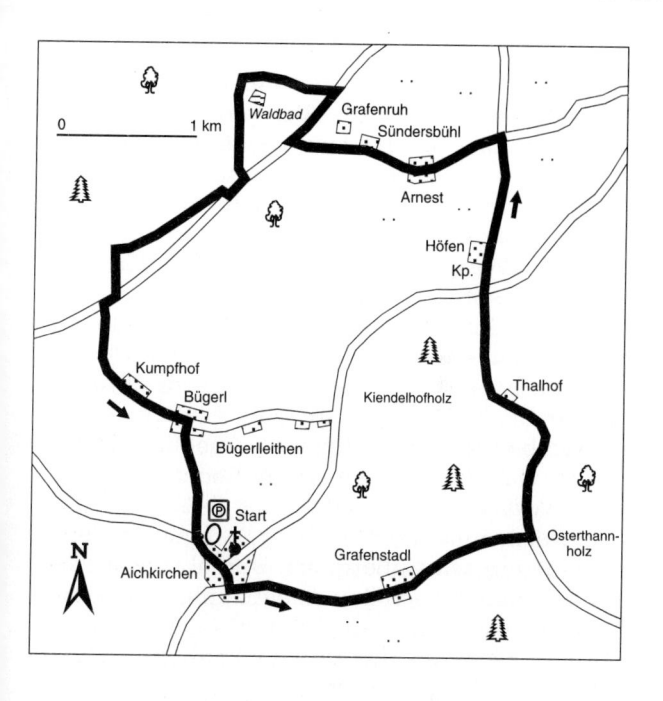

brechen die Felder und Wiesen. Wir halten uns auf eine breite Mulde zu und gehen anschließend wieder hoch. Droben treffen wir auf den Weiler Grafenstadl, ein großes Gut und ein paar einzelne Häuser. Eine Lourdesgrotte findet sich hier. Bei einer Dreieckkreuzung bewegen wir uns links an einer Buschreihe entlang, hinter der sich eine Bauminsel versteckt. Auch rechts unseres Weges liegen Bauminseln in den Feldern. Wo von rechts das Osterthannholz an die Straße stößt und links das Kiendelhofholz der Straße nahe kommt, biegen wir links ab. Wir sind auf einem Höhenweg mit einer weiten Aussicht über die flachgewellte Landschaft. Charakteristisch ist, daß hier die Höhen eher frei, also von Feldern bedeckt, und die Senken bewaldet sind. In nördlicher Richtung erreichen wir den Waldrand. Der Weg steigt wieder an. Wir gelangen in den Forst hinein und überschreiten hier eine Anhöhe. In einem starken Linksbogen geht es weit hinunter, zunächst ein Stück am Waldrand entlang, dann zwischen Bäumen, welche die Straße säumen. Wir treffen auf den Thalhof. Auch hier bietet sich ein weiter Ausblick. Nach dem Gehöft gelangen wir im Rechtsbogen in ein Waldstück und halten uns danach genau nördlich auf einer Allee bergab. Eine Straßenkreuzung wird überquert. Bergab passieren wir Höfen. Neben den Alleebäumen des Weiterweges zieht sich auf der rechten Seite eine Buschreihe hin. Vor uns liegt eine Waldinsel. In einem leichten Linksknick leitet unsere Route in den Forst hinein. Danach schwenken wir links weg, dem Schild »Arnest« nach. Wir sind über dem Siebertal, das im Norden auf Hemau zu eine flache Senke bildet.

Waldbad und Schießanlage

Durch eine parkähnliche Landschaft wandern wir nach Westen und sehen bereits den Weiler Arnest. Über eine leichte Kuppe gehen wir bergab zwischen die Häuser. Danach steigt der Weg leicht an, führt in den

Wald hinein, überwindet eine Anhöhe und macht einen schwachen Linksknick. Häuser stehen hier von Bäumen umgeben. »Sündersbühl« heißt die eine Häusergruppe und »Grafenruh« eine weitere. Noch im Wald fällt der Weg etwas ab. Eine querverlaufende Straße wird erreicht. Sie nimmt uns nach rechts auf. Der Wald tritt zurück. Aber auch hier ist die Straße von Bäumen gesäumt. Bei erster Gelegenheit biegen wir links weg und folgen dem hölzernen Wegweiser »Waldbad und Modellflugplatz«. Hier in diesem Bereich verbirgt sich auch eine Schießanlage. Der Privatweg führt am Waldrand entlang. Ein Wanderparkplatz wird passiert. Dann kommen wir zum hübsch zwischen Bäumen gelegenen Waldrand. Ein Trimm-dich-Pfad ist hier angelegt. Gleich nach dem Bad schwenken wir links weg und halten uns südwärts in den Wald hinunter. Wir sind noch auf dem Trimm-dich-Pfad, gelangen über eine kleine Anhöhe an den Rand einer Lichtung, treffen auf eine weitere größere Lichtung und auf einen Fahrweg, in den wir rechts abbiegen, um uns bei einer Abzweigung wieder rechts zu halten.

Zur Bügerlleithen

Unser Weg führt zwischen Bäumen und Buschgruppen nach Südwesten. Dann verlassen wir, stetig absteigend, den Waldbereich und schwenken links ab in Richtung Kumpfhof, kommen zu einer Fahrstraße, der wir ein paar Schritte nach rechts folgen, um gleich links abzubiegen. Dieser Weiler liegt in einer Talmulde. Die Weilerkapelle wurde in neugotischem Stil Mitte des 19. Jahrhunderts errichtet. Sehenswert ist Haus Nr. 5 mit seinem Kalkplattendach. Es ist ein typisches Jurahaus. Das Entstehungsdatum ist mit 1848 angegeben. An der Kapelle mit dem winzigen Schiff und dem stattlichen Turm vorbei verlassen wir Kumpfhof bergauf und sind nach wenigen Schritten im Weiler Bügerl an der gleichnamigen Leithen. Steil geht es zwischen die Häuser hinunter. Beim Schulbusschild biegen wir rechts, südwärts, ab. Bergauf kommen wir wieder aus dem Weiler. Von rechts stößt auf der Höhe eine Waldzunge an den Weg. Links ist ein Sportplatz angelegt. Er gehört bereits zu Aichkirchen, das wir gleich erreichen. Steil bergab treffen wir auf eine Vorfahrtsstraße, die uns nach links aufnimmt. Wir wandern zurück zur Kirche.

Entfernung: 14 km
Gehzeit: 3½ Stunden
Topographische Karte: 1:25.000, Blatt 6936
Fritsch-Wanderkarte »Stadt und Landkreis Regensburg«, Blatt 63

12. Wallfahrt zum Eichlberg

Gemeindezugehörigkeit: Hemau
Ausgangsort: Neukirchen

Zufahrt/Lage:

Wer die Muttergemeinde Hemau auf der Bundesstraße 8 in nordwestlicher Richtung verläßt, erreicht nach wenigen Kilometern die Zufahrt nach Neukirchen. Der Ort liegt in der waldreichen Hochfläche des Jura, die sich nordwestlich von Hemau zwischen den gewundenen Flußtälern der Schwarzen und Weißen Laaber, die in die Donau fließen, ausbreitet.

Verlauf der Wanderung:
Zum Eichlberg

Von der Kirche gehen wir gleich zum Brauerei-Gasthof St. Georg und halten uns nach einem Rechtsbogen des Weges links in die St.-Georg-Straße. Von hier kommen wir zur Hauptstraße und schwenken in die Eichlberger Straße. Kurz vor Ortsende biegen wir in den Berletzhofer Weg. Im Linksbogen verlassen wir bergab die Siedlung. Der herausragende Hügel des Eichlberges ist schon sichtbar. Wir bewegen uns auf einem aussichtsreichen Hangweg. Buschgruppen und Baumreihen sind über die Felder verstreut und erwecken den Eindruck einer Parklandschaft. Bei einem Kreuz mit Bank passieren wir eine Baumgruppe. Dann steigen wir steil hinunter in eine Mulde. Auf beiden Seiten des Weges breiten sich Waldinseln, Baumreihen, Buschstreifen und Buschgruppen aus. Nach der Mulde wandern wir im Anstieg an einer Bauminsel vorbei und erreichen Berletzhof. Vor Ortsbeginn haben wir noch eine kleine Anhöhe zu überwinden. Im Dorf gehen wir bergab, uns links haltend, in einen querverlaufenden Weg. Wir kommen bergab aus dem Ort. Bäume säumen den Straßenrand. Im Linksbogen bewegen wir uns weiter hinunter, vorbei an einer Bauminsel. Ein Linksknick des Weges bringt uns durch eine sanfte Mulde. Danach wandern wir leicht aufwärts zu den Häusern von Tiefenhüll. Auch vor diesem Weiler ist eine Anhöhe zu überwinden. Beim Ortsschild geht es zwischen die Häuser hinunter. Wir verlassen den Ortskern und biegen vor dem Maibaum und dem Gasthof Georg Mirbeth, genannt Tanngrinter Hof, im rechten Winkel rechts ab. Bergauf erreichen wir den Waldrand und steigen am Rande weiter.

Von der Wallfahrt zur Einöd

Rechts des Weges breiten sich Koppeln aus. Im Wegbogen kommen wir aus der Nordwest- in die Südrichtung. Im Bogen steht ein großes Kreuz mit einer Bank. Durch Felder gelangen wir zum Eichlberg mit der Wallfahrtskirche Hl. Dreifaltigkeit. Die landschaftsbeherrschende Lage des Eichlberges

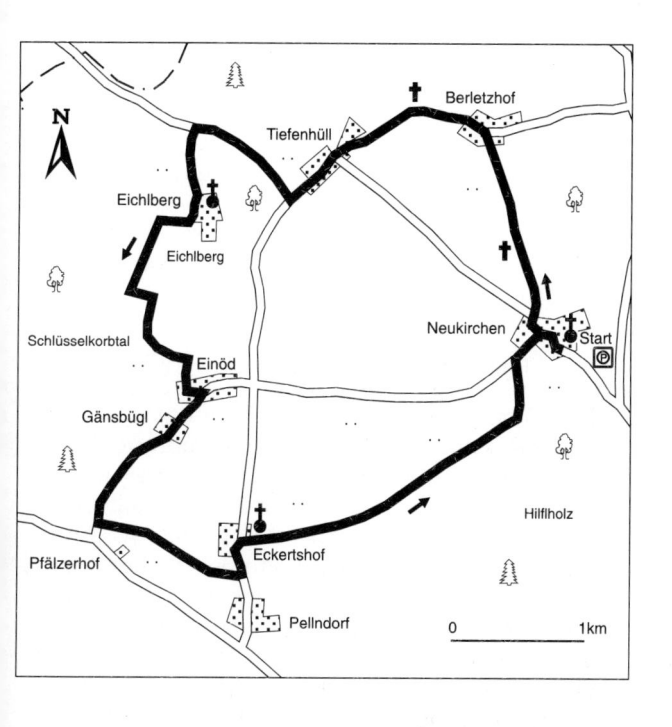

mit seiner weiten Fernsicht ist ein Anziehungspunkt für viele Besucher und vor allem für Wallfahrer. Es lohnt sich, nicht nur die Kirche anzuschauen, sondern auch ein wenig um den Eichlberg herumzuwandern und auf Aussichtsbänken die Fernsicht zu genießen. Wir gehen von der Höhe ein paar Schritte südwärts hinunter, um dann rechts zum Waldrand abzuzweigen. Am Waldrand schwenken wir links steil bergab, durchqueren einen Waldstreifen und halten uns abwärts durch die Felder zu einem querverlaufenden Fahrweg, wo wir uns nach links wenden. Bei erster Gelegenheit biegen wir rechts ab und durchwandern den Talboden des Schlüsselkorbtals. Unser Weg macht einen starken Linksbogen in die östliche Richtung, erreicht einen querverlaufenden Feldweg und leitet südwärts zu den Häusern von Einöd.

Über den Eckertshof zurück

Eine Vorfahrtsstraße nimmt uns nach rechts auf. Zwischen Büschen und Bäumen geht es weiter bergab. Nach ein paar Schritten kommen wir in den Weiler Gänsbügl. Auch hier führt der Weg abwärts. Wir passieren eine Feldscheune. Dann wird es noch steiler. Der Weg macht einen Linksknick und stößt im Talboden auf eine Kreuzung. Hier biegen wir links weg. Die Durchfahrt ist für den öffentlichen Verkehr gesperrt. Es geht in der Hauptsache nach Osten weiter. Der Weiler Pfälzerhof bleibt rechts liegen. Wir wandern durch flaches Gelände, das eine weite Aussicht erlaubt, und treffen auf die Straßenverbindung Pellndorf–Eckertshof. Hier halten wir uns links auf Eckertshof zu, wo die romanische Chorturmkirche St. Anna beeindruckt. Der Gasthof Jakob Pollinger steht daneben. Bei Kirche und Gasthof schwenken wir rechts weg. Ein einspuriger, schmaler Weg nimmt uns ostwärts auf. Die weiten Ausblicke über die sanften Höhen setzen sich fort. Das Land ist durchsetzt mit Busch- und Baumgruppen, einzelnen Büschen und Bäumen. Weiträumig sieht man auf die einzelnen Gehöfte, Dörfer und Weiler. Es ist ein wunderhübscher Weg, der durch eine schwache Senke leitet. Am Wegesrand wachsen Bäume. An einer Kreuzung ist eine Bildsäule mit einer Marienfigur aufgestellt. Dann wendet sich der Weg aus der östlichen in die nordöstliche Richtung. Eine kleine Mulde wird durchquert. Über eine Kreuzung kommen wir bergauf. Rechts, etwas abseits des Weges, breitet sich das Hilfholz aus. Unsere Route schwenkt nun links, nordwärts, auf die Häuser von Neukirchen zu. Ein Hangweg bringt uns zu einer Vorfahrtsstraße, die »Am Hopfengarten« heißt. Hier halten wir uns rechts in die Untere Hauptstraße. Sie führt uns im Linksbogen zurück zur Kirche.

Entfernung: 14 km
Gehzeit: 3½ Stunden
Topographische Karte: 1:25.000, Blatt 6936
Fritsch-Wanderkarte »Stadt und Landkreis Regensburg«, Blatt 63

13. Keltenschanze, Laubenhartgrund und Ringwall

Gemeindezugehörigkeit: Hemau
Ausgangsort: Thonlohe

Zufahrt/Lage:

Die Muttergemeinde Hemau liegt etwa 5 Kilometer in nordöstlicher Richtung vom Dorf Thonlohe entfernt. Die Zufahrt von Regensburg aus erfolgt über die Bundesautobahn A 3 bis zur Ausfahrt Nittendorf, dann auf der Bundesstraße 8 bis Hemau und von hier ist es am besten, wenn man 3 Kilometer über Hemau hinausfährt und links über Rieb, Angern und Niglhof abzweigt.

Der bäuerliche Ort ist im Norden, Westen und Süden von großen Waldstücken umgeben, in denen es zahlreiche Dolinen gibt. Das sind trichterförmige Vertiefungen in Karstgebieten, die entstehen, wenn Kalkgestein durch Regenfälle und Verwitterung aufgelöst wird oder ebenso verursachte Höhlen einstürzen.

Verlauf der Wanderung:
Zur Keltenschanze

Östlich der Himmelfahrtskirche weist ein Schild zum nahegelegenen Gasthof Post. In diese Richtung halten wir uns, gehen an der hübschen Einkehr mit dem Biergarten vorbei und wandern geradeaus bergab ins Feld. Links begrenzt dichter Baumbestand den Ortsrand. Nach der Baumreihe macht unser Weg einen kleinen Rechtsschwenk. Dann teilt er sich. Wir bewegen uns links, nordwärts, auf das ausgedehnte Spannholz zu. Nach einer flachen Mulde erreichen wir ansteigend den Waldrand und halten uns bei einem Waldvorsprung geradeaus über eine Kreuzung in den Forst hinein. Unser Weg schlängelt sich im dichten Wald hin und her.

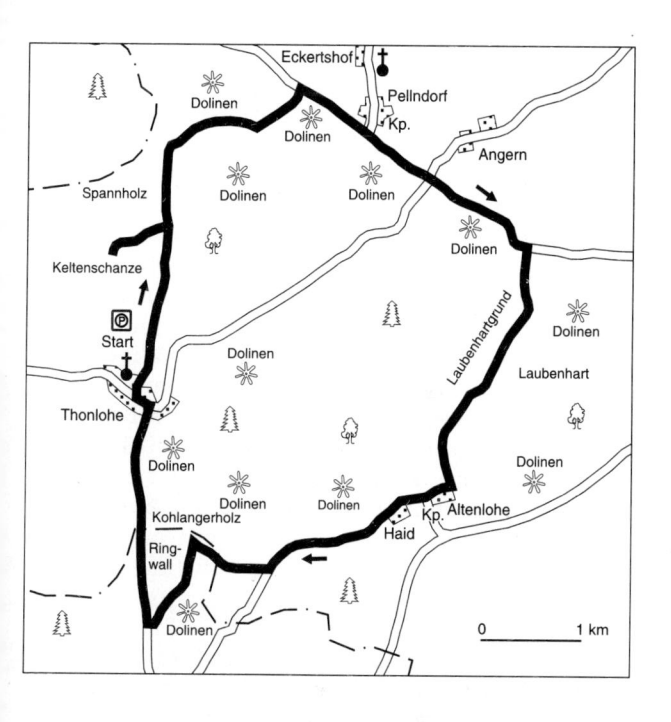

Bevor er nach etwa 1 Kilometer einen größeren Bogen nach links macht, schwenken wir links, südwestlich, in den verwachsenen Waldweg ab, der uns nach etwa 300 Metern zur Keltenschanze bringt. Zu sehen ist ein Stück des Ringwalls mit einem Graben herum. Auf gleichem Weg gehen wir zurück und setzen unsere Route in nördlicher Richtung fort. Nach einem mit Holz verkleideten Jägerstand biegt der Forstweg rechts weg und leitet in einem sanften Bogen bergab. Wir kommen zu einigen kleinen Waldweihern. Hier hat man eine Bank aufgestellt. Eine Brücke führt über einen Graben zur Bank hin. Es geht, immer noch bergab, weiter. Wir passieren ein Gedenkkreuz und stoßen auf eine Dreieckkreuzung.

Zum Laubenhartgrund

Wir biegen hier links, nordostwärts, ab und erreichen nach ein paar hundert Metern den Waldrand. Nochmals links schwenken wir ins Feld hinaus zu einem Querweg, der uns nach rechts aufnimmt. Vor uns sehen wir die Wallfahrtskirche auf dem Eichlberg. Der Weiterweg verläuft südöstlich. Wir kommen zum Weiler Pellndorf, der links liegen bleibt, und dem Weiler Eckertshof vorgelagert ist. Auch die Abzweigung nach Angern wird passiert. Wir gehen an einer auf der linken Seite des Weges liegenden Waldinsel vorbei, sind bereits am Waldrand und folgen diesem im Rechtsbogen nach Süden. Ein paar Schritte schwenkt der Weg zurück in unsere bisherige Richtung. Dann halten wir uns rechts in den Laubenhartgrund.

Über den Ringwall zurück

Ein reizvoller Talweg nimmt uns auf. Nach ein paar Schritten treffen wir auf ein Marterl mit einer Bank in einer Wiesenbucht. Das ist ein hübscher Rastplatz. Im weiteren Verlauf werden Wiesenlichtungen passiert. Unser Weg schwenkt aus der südlichen in die südsüdwestliche Richtung. Er verläuft an einem leichten Hang, der ganz sanft nach rechts abfällt. Im lichten Nadelwald wächst dichtes Unterholz. Eine kleine Anhöhe wird überwunden. Dann kommen wir steiler bergab und nach einem Stück ebenen Wegs erneut abwärts zum Waldrand. Überall in diesem Bereich gibt es Dolinen. Teilweise sind sie mit Wasser gefüllt. Wir wandern südwärts durch eine Rodungslichtung, die stark mit Baum- und Buschgruppen durchsetzt ist und einen parkähnlichen Eindruck erweckt. Bald sind die Häuser von Altenlohe erreicht, die am Hang des sanften Talbodens liegen und zwischen welchen wir jetzt im Rechtsschwenk hindurchschreiten. Ein nunmehr befestigter Weg leitet durch die Häusergruppe. Nach wenigen Schritten gelangen wir, uns etwas rechts haltend, zum Weiler Haid. Bäume und Büsche säumen unseren Weg. Die Häuser und Höfe der Weiler liegen recht verstreut. Es gibt also keine geschlossenen Ortskerne. Wir bewegen uns südwestwärts durch eine weite Wiesenbucht. Eine Waldinsel wird passiert. Das ganze Gelände hier ist mit Dolinen durchsetzt. Beiderseits der Wiesen steigen Waldhöhen auf, im Süden gut 50 Meter. Ein Linksbogen des Weges bringt uns in einen Waldwinkel, und hier am Waldrand teilt sich der Weg. Wenn wir jetzt den Ringwall besuchen wollen, müssen wir in den ganz rechts verlaufenden Weg westwärts einbiegen. Er ist ziemlich verwachsen und zieht erst ein Stück bergab, um dann anzusteigen. Nach etwa 300 Metern bei der dritten sichtbaren, nach Süden führenden Abzweigung schwenken wir links auf die 563 Meter hohe Anhöhe mit dem Ringwall, der in der bisherigen Richtung passiert wird. Wir kommen hinunter zu einem Waldvorsprung am Rande einer Feldbucht. Hier halten wir uns rechts zum querverlaufenden Weg und biegen wieder rechts ab, erneut in den Forst hinein. Es geht nun stetig bergab. Erst wenn wir den Wald verlassen haben, wird es etwas flacher. Wir sehen bereits den Kirchturm mit der Zwiebelkuppel von Thonlohe, wandern vor Ortsbeginn durch eine Mulde und gelangen leicht bergauf zwischen die Häuser. Eine Vorfahrtsstraße nimmt uns nach links auf. Etwas abwärts gehend erreichen wir unseren Ausgangspunkt bei der Kirche.

Entfernung: 20 km
Gehzeit: 5 Stunden
Topographische Karte: 1:25.000, Blatt 6936
Fritsch-Wanderkarte »Stadt und Landkreis Regensburg«, Blatt 63

14. Durch Widlthal zum Schloß Wolfsegg

Gemeindezugehörigkeit:
Holzheim a. Forst

Ausgangsort: Dornau

Zufahrt/Lage:

Der Weiler Dornau liegt wenige Kilometer südlich der Muttergemeinde Holzheim a. Forst, die am besten über die Ausfahrt Regenstauf der A 93 zu erreichen ist. Es gibt hier eine Zufahrt über Eitlbrunn–Eichlberg–Buchenlohe. Vor Holzheim zweigt man dann südwärts ab. Das Sträßchen schwingt nach Südwesten und stößt auf eine Querverbindung von Regensburg nach Kallmünz. Wenige hundert Meter von hier liegt südöstlich der Weiler mit der Wegkapelle aus dem 19. Jahrhundert.

Das Land östlich des Naabtals ist waldreich. Die Hügel sind sanft, die Täler überwiegend nicht stark in die Landschaft eingeschnitten. Verstreut finden sich aber Buckel, meist mit Kiefern bewachsen oder an den Hängen mit Wacholderheide bestockt, die die sanft geneigten Flächen unterbrechen. Auch die nichtbewaldeten Teile, also die Wiesen und Felder, sind oft unterbrochen durch Bäume und Baumgruppen, Buschreihen und Buschgruppen, was den Reiz dieser Landschaft erhöht.

Verlauf der Wanderung:
Unter Judenberg und Teufelschlag

Die kleine Dornauer Kapelle liegt an einer Straßenkreuzung. Von hier biegen wir in Richtung Brunoder weg, passieren noch ein paar Häuser und wandern nach Westen. Der Weg macht einen leichten Linksbogen und bietet einen weiten Blick über das Land. Nur rechts versperren Waldstreifen und Waldstücke die Aussicht. In einer Mulde links unterhalb sieht man ein paar Häuschen bei einer Waldinsel, in der ein Jagdhaus versteckt liegt. Wir blicken auch bereits auf die Häuser des Weilers Brunoder. Davor vollzieht der Weg einen starken Linksbogen. Wir gehen an einem alten Jurahaus mit Plattendach vorbei und spazieren dann auf das Plateau, auf dem der Weiler Brunoder liegt. Im Osten fällt das Land in eine vergleichsweise tiefe Senke. Unser Weg führt nun bergab in einen Taleinschnitt. Er wird am Steilhang von einigen Häusern gesäumt. Bald ist der Weiler Widlthal erreicht. Hier biegen wir rechts ab und folgen einer Senke, die auf der linken Seite von bewaldeten Höhen und rechts von Feldern mit Busch- und Baumstreifen gesäumt ist. Auch Widlthal hat eine kleine Wegkapelle. Dahinter steht eine Steinsäule mit einem eisernen Kreuz drauf. 1868 soll sie errichtet worden sein. Unser Tal senkt sich. Ein Kiefernwäldchen bleibt rechts liegen. Dann steigt rechts der Staudenberg

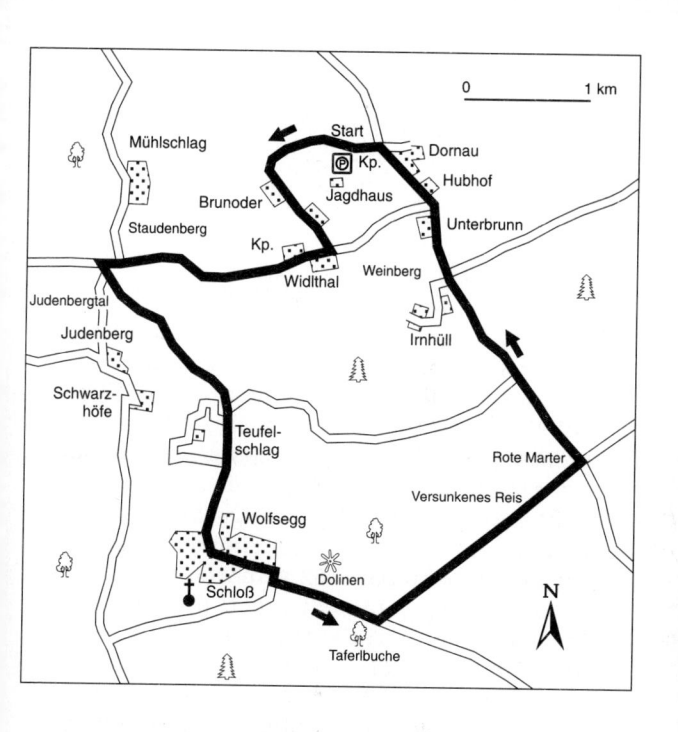

an. Unsere Richtung ist zur Zeit Westen. Der Hang baut sich in Stufen auf, die mit Büschen besetzt sind. Rechts zieht eine Abzweigung zum Weiler Mühlschlag hoch. Wir biegen bei nächster Gelegenheit links im spitzen Winkel nach Südosten ab. Auf der linken Seite erhebt sich ein spärlich bewaldeter Hügel. Rechts stehen ein paar Häuser, die zum Dorf Judenberg gehören. Wir folgen nun einer anderen Talsenke. Die Waldhöhen steigen jetzt auf der linken Seite hoch, die Felder mit den Buschstreifen rechts. Der nächste Weiler heißt Schwarzhöfe. Unsere Richtung ist Süden. Rechts steigt der sogenannte Teufelschlag an. In einer Talerweiterung stehen ein paar Häuser. Wir bewegen uns nun am Waldrand entlang.

Zur Burg Wolfsegg

Nach einigen hundert Metern sind die ersten Häuser von Wolfsegg erreicht. Vor uns liegt die massige Kirche mit dem viereckigen Turm und dem Satteldach. Im Wegbogen sehen wir das Schloß. Der älteste Teil stammt aus dem Jahre 1278. Weil die Burg keine große strategische Bedeutung hatte, blieb sie unzerstört erhalten. Die Anlage wurde in den Jahren 1986 bis 1989 saniert, und es entstand eine Dauerausstellung, die ein Bild vom harten und entbehrungsreichen Leben eines Ministerialen und seiner Familie auf einer Oberpfälzer Burg vermitteln soll. Das Museum ist vom 1. Mai bis 30. September von 10 bis 16 Uhr geöffnet. Wir biegen also aus der Regensburger Straße, die durch den Ort führt, rechts in die Judenbergstraße, dann links in den Burgring und wandern über Treppen zum Museum hinauf, danach wieder hinunter zurück zur Regensburger Straße. An der Bergwirtschaft Kumpfmühle vorbei gehen wir zum Ortsende und auf den Waldrand zu.

Taferlbuche und Rote Marter

Am Waldrand schwenken wir bei den ersten Bäumen rechts ab und halten uns sofort links in den Forst hinein. Bei einer Kreuzung steht die Taferlbuche, ein Naturdenkmal, und eine Sitzgruppe lädt zur Rast. Wir gehen links weiter, passieren eine Fahrstraße und bewegen uns in nordöstliche Richtung, zunächst bergab, dann über eine Anhöhe. Es wird etwas steiler. Wir überwinden eine Landstufe. Immer noch geht es aufwärts. Auf der linken Seite lesen wir »Revier Versunkenes Reis«. Danach kommen wir zur großen Kreuzung an der Roten Marter. Hier finden sich ein Wegkreuz und ein Stein. Wir biegen links weg und folgen dem Waldrand ein Stück aufwärts. Nun fällt der Weg in leichtem Bogen ab. Nach einem Parkplatz am Wegesrand wandern wir nochmals bergauf und verlassen den Wald auf der Anhöhe. Es geht auf und ab, zwischen Waldstücken und -teilen hindurch. Dann passieren wir die Häuser von Irnhüll. Sie bleiben links liegen. Bergab kommen wir an den Häusern von Unterbrunn vorbei und am Hubhof, der früher eine Gaststätte war. Schließlich erreichen wir Dornau mit der Kapelle.

Entfernung: 14 km
Gehzeit: 3½ Stunden
Topographische Karte: 1:25.000, Blatt 6837, 6838
Fritsch-Wanderkarte »Stadt und Landkreis Regensburg«, Blatt 63

15. Von der Burg über der Naab ins Holzheimer Hügelland

Gemeindezugehörigkeit: Kallmünz
Ausgangsort: Kallmünz

Zufahrt/Lage:

Der historische Markt Kallmünz liegt nördlich von Regensburg, dort wo die Vils in die Naab mündet.

Die Ruine der frühgotischen Anlage (erbaut um 1250) auf dem Burgberg ist heute noch von einem mächtigen Ringwall umgeben, dem größten der Oberpfalz. Die Festung wurde im Dreißigjährigen Krieg zerstört. Der Ort blieb erhalten und spiegelt die alte Ortsgestalt in drei voneinander getrennten Bereichen wider: den am Fuße des Burgberges gelegenen inneren Markt, die auf der ehemaligen Naabinsel gelegenen Häuser am Planl und den äußeren Markt jenseits der Naabbrücke. Der eigentliche Ortskern ist der Marktplatz mit dem 1603 errichteten Rathaus und der barocken Pfarrkirche.

Verlauf der Wanderung:
Von der Burg zum Kalvarienberg

Vom Marktplatz, der über die steinerne Naabbrücke zu erreichen ist, gehen wir zwischen Kirche und Burgapotheke den Trep-

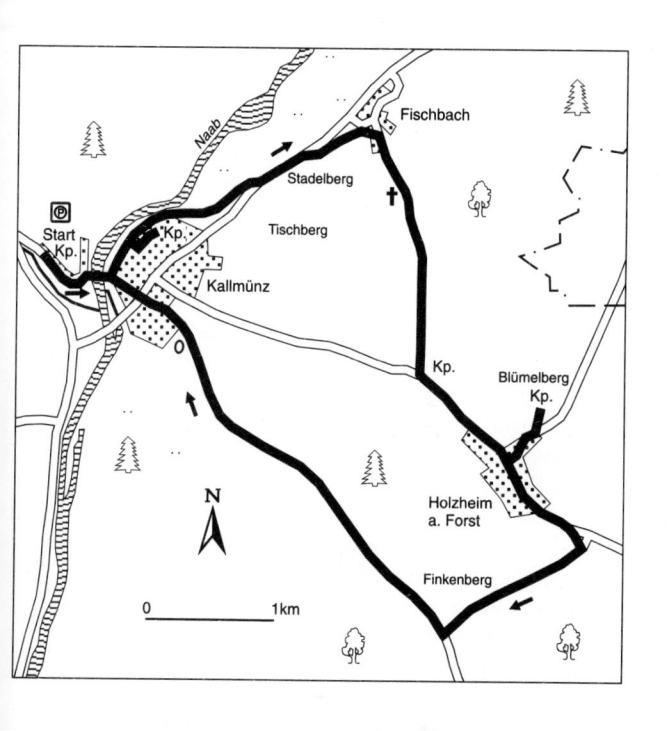

pensteig zur Ruine hinauf. Es ist ein enger, felsiger Pfad. Wenn man oben ist, kann man die gewaltige Anlage durch verwinkelte Gänge besichtigen. Reste vom Torhaus stehen noch, vom Bergfried, von der Ringmauer, von der Kapelle und vom Palas. Wir steigen auf dem gleichen Pfad wieder hinab, gehen über den Marktplatz und über die Brücke, wenden uns, »Am Graben« heißt es hier, nach links, folgen dann der Burglengenfelder Straße parallel zum Naabufer und schwenken rechts in die Georg-Hammer-Straße, um gleich links in die Ringstraße einzubiegen. Im Bogen dieser Ringstraße beginnt der Aufstieg zum Kalvarienberg mit der St.-Sebastian-Kapelle. Der Stationenweg bringt uns auf den locker mit Bäumen und Büschen bewachsenen und mit Felsbrocken durchsetzten Auberg. Von den Bänken am Wegesrand bietet sich eine wunderbare Aussicht ins Naabtal. Ein Naturlehrpfad ist hier eingerichtet. Wir verlassen den wunderschönen Ort, gehen wieder zur Straße hinunter, halten uns in die Georg-Hammer-Straße und schwenken dann rechts in die Burglengenfelder Straße.

Auf Holzheim zu

Unser Weg schwingt nach rechts zu einer Fahrstraße ab, die wir unterhalb des Tischbergs erreichen. Dieser Hügel ist mit Felsen und Wacholderheide durchsetzt. Neben der Straße bewegen wir uns, links haltend, unter dem nachfolgenden bewaldeten Stadelberg auf Fischbach zu. Jenseits des Naabtales bauen sich Felshänge zwischen den Waldhügeln auf. Bei den ersten Häusern von Fischbach biegen wir rechts weg, kommen bei einem weiteren Haus zu einer Dreieckkreuzung und gehen erneut rechts ab. Wir wandern durch eine flache, sanft geschwungene Landschaft, in der sich verstreut Bergkuppen wie riesige Maulwurfhügel erheben, an deren Hängen Felsgruppen zwischen lockerem Bewuchs mit Bäumen und Wacholderheide zu sehen sind. Aber auch Kiefernwald findet sich reichlich. Vor uns liegt ein größeres Waldstück, rechts eine Feldscheune. Nach links führt ein von Bäumen gesäumter Feldweg weg. Wir stoßen auf eine Kreuzung. Ein Feldkreuz ist hier aufgestellt. Dann kommen wir zum Wald, halten uns zunächst ein Stück am Rand entlang und schließlich in den Forst hinein. Wir verlassen ihn südwärts, überwinden eine kleine Anhöhe und sehen vor uns bereits die Häuser von Holzheim. Mit weiträumiger Aussicht leitet unser Weg langgezogen bergab, begleitet von einer Busch- und Baumreihe. Eine Vorfahrtsstraße wird erreicht, die uns nach links aufnimmt. An der Wegeinmündung steht eine Kapelle mit einer Bank unter Bäumen. Es ist eine Marienkapelle.

Über den Finkenberg zurück

Vor uns halblinks sehen wir auf einem Hügel eine Kapelle, zu der wir einen Abstecher machen. Es ist die barocke Blümelbergkapelle. Sie liegt oberhalb der Straße nach Burglengenfeld. Zu dem Abstecher biegen wir in der Ortsmitte links in die Burglengenfelder Straße. Ein Fußweg führt gegen Ortsende zur Kapelle hinauf, und wir kommen auch hier wieder zurück. In Holzheim passieren wir dann den Gasthof Koller und gehen bei den letzten Häusern, uns rechts haltend, bergauf, einer Baum- und Buschreihe nach. Vor uns liegt ein Waldstück. Über eine Anhöhe treffen wir auf einen Querweg. Von hier bietet sich eine weite Aussicht. Wir schwenken rechts, südwestwärts, weg und erreichen in der Nähe des Waldes den Finkenberg. Nach rechts gelangen wir zum Waldrand, bewegen uns ein Stück daran entlang und wandern danach im Forst langgezogen bergab. Wir befinden uns auf einem begradigten Fahrweg. Parkplätze sind eingerichtet, Bänke aufgestellt. Sogar Sitzgruppen gibt es. In einer Senke verlassen wir den Wald, steigen noch einmal über eine Anhöhe und haben erneut eine schöne Aussicht, vor allen Dingen nach rechts. Häufig sind hier Wacholderheidehänge mit Felsformationen dazwischen. Vor uns liegt über dem Naab-/Vilstal die Burg von Kallmünz und unterhalb der Markt. Wir gehen steil hinunter, vorbei an der Sportanlage, kommen über den Spittelberg in die Langgasse, nachdem wir die Vorfahrtstraße passiert haben, erreichen die steinerne Brücke und unseren Ausgangspunkt.

Entfernung: 12 km
Gehzeit: 3 Stunden
Topographische Karten: 1:25.000, Blatt 6837, 6838
Fritsch-Wanderkarte »Stadt und Landkreis Regensburg«, Blatt 63

16. Im Tal und auf den Höhen der Schwarzen Laaber

Gemeindezugehörigkeit: Laaber
Ausgangsort: Laaber

Zufahrt/Lage:

Der Markt Laaber, an der Autobahn Nürnberg–Regensburg, Ausfahrt Laaber gelegen, befindet sich im schmalen Tal des gleichnamigen Flusses und zieht sich die steilen Hänge hoch bis zur Burgruine.
Die Felsen über dem Markt ragen hoch auf. Der Ortskern liegt auf der einen, der Burghügel auf der anderen Laaberseite. Und diese geographische Abgrenzung läßt sich noch heute als Trennung zwischen herrschaftlichem und herrschaftsabhängigem und bürgerlichem Wohnbereich erkennen. Zwischen dem einst befestigten Markt und dem Burgberg lebten die Bediensteten. Dadurch hat sich vor dem östlichen Torturm der Marktbefestigung ein Platz ausgebildet, von dem aus der Burgweg steil ansteigt. Trotz der Bebauung am Hang, die aus dem 19. Jahrhundert stammt, gibt die Einteilung der Parzellen die Situation einer mittelalterlichen Bedienstetensiedlung wieder.

Verlauf der Wanderung:
Zur Schafbruckmühle

Wir starten am Kirchplatz, hier steht auch der Gasthof Trettenbacher, gehen über die Laaberbrücke und unter dem Burgberg links in die Beratzhausener Straße. Ein großer Parkplatz wird passiert. Rechts ziehen Straßen den Steilhang hoch. Wir folgen einer Landstufe über dem Laabertalboden. Bevor der Weg einen Rechtsbogen macht, bedeckt Wacholderheide, unterbrochen von Felsformationen, den Hang. Vor uns sehen wir einen Schornstein, der zu einer Papiermühle gehört. Bald sind die Häuser der Papiermühle erreicht. Wir spazieren durch das Gelände, eiserne Mühlräder sind hier aufgestellt, und bewegen uns am Laaberufer weiter. Die Kapelle hier stammt aus dem 18. Jahrhundert. Unser Weg verläuft unter der sogenannten Mühlplatte am Hangfuß des Laabertals und über dem Fluß, dessen Ufer dicht mit Erlen bewachsen sind. Bei der Endorfmühle stoßen wir im Rechtsbogen auf eine Abzweigung, die zur Autobahn und nach Brunn führt. Zunächst folgen wir dem Linksbogen des Fahrweges in Richtung Beratzhausen, biegen aber bei nächster Gelegenheit, bevor die Straße den Hang hochsteigt, links ab, dem Schild »Landhaus Lindenhof« nach. Wenn wir die Brücke erreichen, können wir nach rechts einen Abstecher zu diesem Gasthaus machen und einkehren. Nach der Brücke schwenkt der Weg nach rechts und bevor er ansteigt, sehen wir rechts unterhalb den Gasthof Schafbruckmühle. Also auch hier besteht die Möglichkeit zur Einkehr. Dann wandern wir mit über 10 % Steigung zwischen den Bäumen des Hangwaldes hoch.

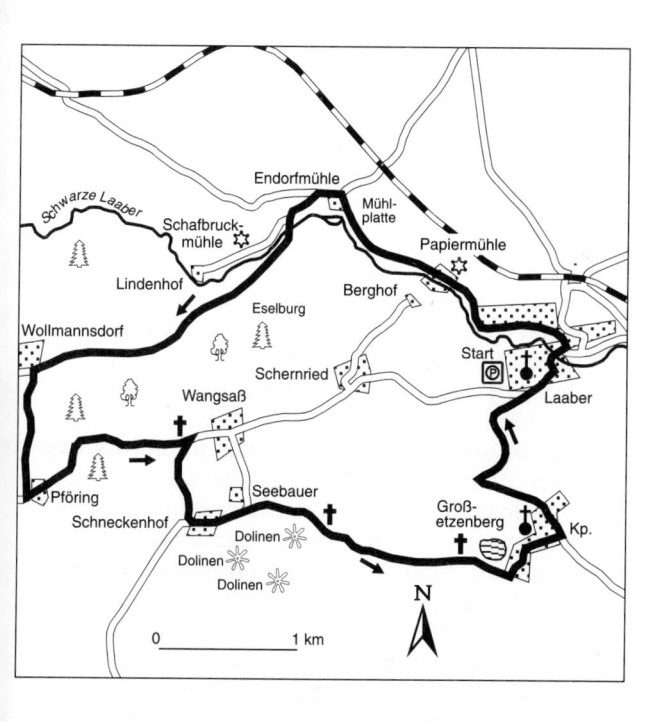

Über Wollmannsdorf zum Schneckenhof

Droben kommen wir vom Wald weg. Links zweigt ein Weg zur Eselburg ab. Wir haben eine weite Aussicht ins Land, das nun nach beiden Seiten abfällt, rechts ins Tal der Schwarzen Laaber. Vor uns sehen wir die Häuser von Wollmannsdorf. Der Weiler bleibt rechts liegen. Wir treffen auf eine Abzweigung und biegen links, südwärts, ein. Der Wegweiser zeigt Pföring an. Es geht zunächst hinunter in eine Senke. Danach steigt der Weg zum Waldrand an. Wir folgen ihm ein Stück. Aufwärts stoßen wir auf eine Vorfahrtsstraße, die uns nach links zum Weiler Pföring bringt. Am Ortsanfang stehen riesige Lindenbäume. Im Weiler geht es bergab und nach den Häusern sogar sehr steil. Beschildert ist nach Wangsaß. Wir durchqueren einen Waldvorsprung. Dann biegt der Weg nach links, nach Norden, schwenkt aber am Rand des nächsten Waldstücks wieder nach Osten und steigt bei einer Waldenge steil an. Eine Anhöhe wird erreicht. Links fällt das Land schroff ab. Rechts formt sich ein schwacher Hügel. Vor uns liegen die Häuser von Wangsaß. Bei einem Feldkreuz vor dem Weiler biegen wir aber rechts vom Weg ab und halten uns nach Süden. Wir passieren eine Busch- und Baumgruppe. Bei einem kleinen Weiher lädt eine Bank zur Rast. Hier bietet sich eine weite Aussicht, vor allem zurück nach Norden über das Laabertal. Schließlich gelangen wir zum Schneckenhof. Einer Pappelreihe folgend, kommen wir hier zu einem Fahrweg, der uns nach links aufnimmt.

Über den Großetzenberger Badeweiher zurück

Am Weilerende steht eine Feldkapelle. Wir gehen wieder in Richtung Wangsaß und dort, wo der Weg einen starken Linksbogen zum Seebauer macht, halten wir uns geradeaus weiter, erneut einer Pappelreihe nach. Dann teilt sich der Weg. Wir bleiben rechts. Nun bewegen wir uns auf einem Höhenweg mit einer großartigen Aussicht nach allen Seiten. Vor allen Dingen nach Norden und Osten sind die Ausblicke weitreichend und umfassend. In diesen beiden Richtungen verläuft das Laabertal. Nach Süden wird die Aussicht alsbald durch Waldstreifen etwas beeinträchtigt. Der Grat schlängelt sich hin und her, bis der Weg verzweigt. Wir bleiben links, ein eisernes Kreuz steht hier, und steuern auch im Linksbogen auf zwei Bäume zu. Hier gibt es Dolinen. Jetzt sind wir auf einem Hangweg. Die Sicht schränkt sich ein. Das Land fällt auf der rechten Seite etwas ab. Buschgruppen säumen den Weg. Schließlich kommen wir, leicht ansteigend, zu einer Mehrfachkreuzung. Auch hier finden wir eine Bank mit einem Kreuz. Wir überqueren die Kreuzung in unserer bisherigen Richtung und erreichen leicht bergauf einen querverlaufenden Weg. Auf der linken Seite ist ein Badeweiher. Hier biegen wir auch ab. Es geht nach Großetzenberg hinunter. Im Ort folgen wir einer Querstraße nach rechts, wandern auf einem abfallenden Hangweg weiter und passieren die Johanneskirche mit ihrem romanischen Chor. Am östlichen Ortsrand gibt es auch eine Wegkapelle aus dem 18. Jahrhundert. Ein querverlaufender Fahrweg wird erreicht. Wir sind auf der Hochstraße, schwenken links ab und verlassen in nordwestlicher Richtung den Ortsbereich. Der Markt Laaber ist vor uns im Tal zwischen Büschen und Bäumen versteckt. Der Weg führt im Rechtsbogen steil bergab, macht dann eine Kehre und leitet im Linksbogen abwärts durch den Wald. Das Ortsschild von Laaber wird passiert. Vor uns ragt die Burg über dem Fluß auf. Unser Weg verzweigt. Wir halten uns links in die schmale Straße, die »Am Kalvarienberg« heißt. Die Schernrieder Straße nimmt uns auf und bringt uns zum Kirchplatz zurück.

Entfernung: 14 km
Gehzeit: 3½ Stunden
Topographische Karte: 1:25.000, Blatt 6937
Fritsch-Wanderkarte »Stadt und Landkreis Regensburg«, Blatt 63

17. Im Winkel zwischen Donau und Regen

Gemeindezugehörigkeit: Lappersdorf

Ausgangsort: Kareth

Zufahrt/Lage:

Die A 93 wird bei der Ausfahrt Regensburg in Richtung Weiden durch einen Tunnel geleitet, der unter den Winzerer Höhen hindurchführt. Im Anschluß an diesen Tunnel liegt Lappersdorf auf der Anhöhe über dem Regen, der hier der Donau zufließt. Jenseits des Regen verläuft die Bundesstraße 15.

Ein Phänomen dieser Gemeinde sind die vielen Denkmäler; weit über 80 sind gezählt. Aus diesem Grunde hat man 1984/85 einen Denkmalwanderweg über eine Strecke von 20 Kilometern eingerichtet, der zu 48 Denkmälern der verschiedensten Art führt. Unsere Wanderroute verläuft zum Teil auf diesem Weg.

Verlauf der Wanderung:
Über Oppersdorf hinaus

Bei der Pfarrkirche St. Elisabeth in Kareth gibt es an der Einmündung der Tremmelhauser Straße in die Hauptstraße einen hübsch angelegten Platz mit einem Brunnen und Kinderspielgeräten. Wir biegen, von Regensburg kommend, gleich nach der Kirche rechts in die Tremmelhauser Straße. Sie stößt nach einer Abzweigung zur Tremmelhauser Höhe auf die Kreuzung, wo sich Pfälzer Weg und Wolfegger Straße treffen. Hier halten wir uns links den Berg hoch, vorbei am katholischen Friedhof. Auf der Anhöhe bietet sich eine weite Aussicht, vor allen Dingen über Lappersdorf hinaus auf das Regental zu. Die Hügel hier steigen flach an und sind wenig bewaldet. Die Täler sind breite Mulden, in der Regel nicht durch Flüsse gebildet. Wir folgen dem Fußweg neben der Fahrstraße. Auf der linken Seite fällt das Land in eine solche Mulde ab. Wir erreichen das Tal des Metzenbachs und den Standort der Schwerchnermühle. Hier beginnt bereits Oppersdorf. Wir steigen auf einem Hangweg aus dem Talboden und durchqueren das langgezogene Straßendorf. Die Filialkirche St. Bartholomäus hier wurde Ende des 18. Jahrhunderts erbaut. Wir gehen daran vorbei aus dem Ort und dem Schild »Schwaighausen« nach. Die Abzweigung zum Weiler Einhausen wird passiert. Unser Weg leitet im Bogen weiter aufwärts, ehe wir verhältnismäßig steil hinunter nach Hainsacker gelangen, das sich in den Talboden schmiegt. Die St.-Ägidius-Kirche ragt kaum über das rote Dächermeer heraus. Nach rechts bietet sich eine weite Aussicht auf die Waldhöhen und Täler. Wir kommen, vor dem Ort rechts abschwenkend, über die Einhauser Straße in das Ortszentrum hinunter und wandern bis zur Kreuzung Schulberg-/Lorenzer Straße.

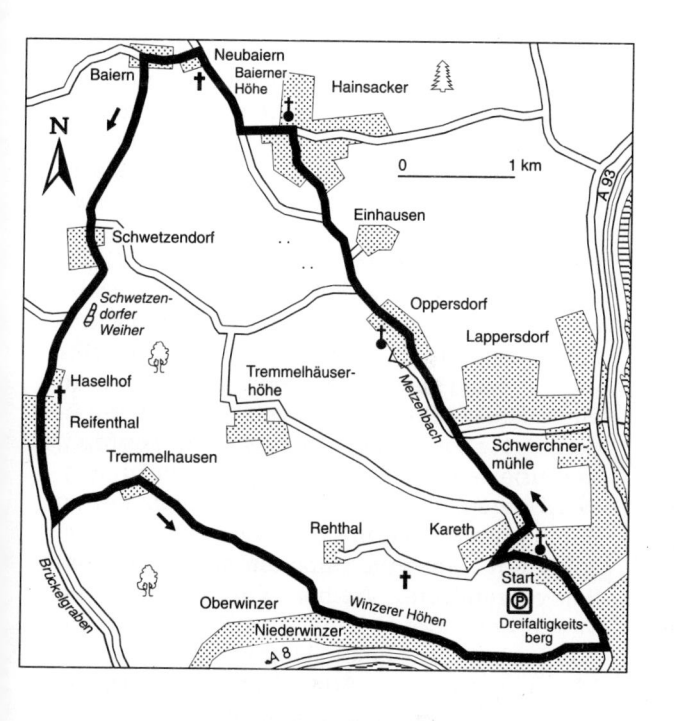

Von Baiern nach Reifenthal

Bei der Kreuzung, geradeaus ginge es in die Pfarrstraße, halten wir uns links den Schulberg hoch. Am westlichen Ortsende biegen wir rechts, nordwärts, in eine querverlaufende Vorfahrtsstraße. Rechter Hand unseres Weges erhebt sich die Baierner Höhe. Vor der Abzweigung zum kleinen Ort Baiern, die nach links, nach Westen, führt, sehen wir zwei Denkmäler: das Arma-Christi-Kreuz, ein großes Holzkreuz mit Werkzeugen zur Kreuzherstellung und Marterinstrumenten am Querbalken. Davor sieht man das Baierner Wegkreuz, ein gußeisernes Kreuz mit dem Corpus Christi und der Jungfrau Maria auf einem hohen Steinsockel. Wir sind also links abgebogen und über Neubaiern nach Baiern hineingekommen, haben eine Kreuzung mit einem Baum in der Mitte passiert und schwenken nun bei einer weiteren Kreuzung, eine Bank ist hier angebracht, links weg in Richtung Schwetzendorf, das sich an einen Hang schmiegt. Bergab wandern wir in den Ort hinein, hier gibt es eine Töpferei, und über eine kleine Anhöhe wieder hinaus. Wir bewegen uns auf dem Fußweg neben dem Fahrweg, der in sanften Bogen abwärtsschwingt. Links im Talboden sehen wir den Schwetzendorfer Weiher. Vor uns liegt an einem bewaldeten Hügelgrat Reifenthal und halbrechts auf einer kleinen Anhöhe die Marienkirche von Adlersberg. Wir passieren den Haselhof, einen Gutshof aus dem 16. Jahrhundert. Hier kann man barocke Wappensteine bewundern. Die Wegkapelle ist neugotisch gestaltet. Nach ein paar Schritten ist Reifenthal im Talboden des Brücklgrabens erreicht. Wir sind auf einer Landstufe und biegen vor einer Waldhöhe links weg in Richtung Tremmelhausen. Südlich des Gutshofes, zu dem wir bald kommen, steht eine barocke Wegkapelle. Am Weg nach Winzer ist ein Grenzstein aus dem 16. Jahrhundert zu finden.

Über die Winzerer Höhen zurück

Hinter dem Gehöft stoßen wir auf eine Mehrfachkreuzung. Hier halten wir uns rechts den Hang hoch, folgen also einer Buschgruppe steil aufwärts und gelangen auf grasigem Weg zu einer Anhöhe mit der barocken Kapelle unter einer gewaltigen Eiche. Bänke laden zur Rast. Die Aussicht ist nach allen Seiten beeindruckend. Danach überqueren wir geradeaus eine Kreuzung, wandern auf einer flachen Anhöhe südostwärts und treffen, nachdem ein Feldweg abgezweigt ist, auf einen Querweg, in den wir wenige Schritte nach rechts abbiegen, um gleich links in der bisherigen Richtung weiterzugehen. Die schöne Aussicht bleibt. Wir sind auf einem schmalen, grasigen Hangweg. Die Felder liegen etwas unterhalb. Schließlich erreichen wir einen querverlaufenden Weg, der uns nach links aufnimmt. Wir befinden uns bereits auf den Winzerer Höhen. Ein Gehöft, das etwas oberhalb liegt, wird passiert. Dann geht es mit großartiger Aussicht parallel zum Donautal ostwärts hinunter nach Regensburg und in die Talniederung. Der Steilhang, unterhalb sieht man die Weiler Niederwinzer und Oberwinzer, ist mit Büschen und Bäumen besetzt. In geringen Abständen führen Wege den Hang hinunter. Vor uns liegen bereits Kareth und Lappersdorf. Nach dem Tierheim und einem Schuttplatz kommen wir, immer leicht bergab, zwischen die Bäume und auf einen befestigten

Weg. Hier gibt es einen Wanderparkplatz. Auch ein Lehrpfad ist angelegt. Wir erreichen die bebaute Zone und eine Vorfahrtsstraße, in die wir links einbiegen. Rechts liegt der Friedhof am Dreifaltigkeitsberg. Wir sind auf einer Hangstraße. Das Land fällt ostwärts steil ins Regental ab. Wir kommen über die Autobahnbrücke. Der Pfälzer Weg bringt uns nach Kareth hinein. Bei der Ampel biegen wir links in die Hauptstraße, dem Schild »Rehtal« nach, und sind bald bei der Kirche St. Elisabeth.

Entfernung: 18 km
Gehzeit: 4½ Stunden
Topographische Karte: 1:25.000, Blatt 6938
Fritsch-Wanderkarte »Stadt und Landkreis Regensburg«, Blatt 63

18. Durchs Mintrachinger Holz nach Sankt Gilla

Gemeindezugehörigkeit: Mintraching
Ausgangsort: Mintraching

Zufahrt/Lage:

Die Gemeinde liegt südöstlich von Regensburg im Winkel zwischen der Bundesstraße 8 beziehungsweise der Autobahn A 3 Regensburg–Deggendorf und der Bundesstraße 15. Bei Obertraubling verzweigt eine Bahnlinie. Eine Trasse führt südwärts nach Landshut, die andere südöstlich nach Straubing und weiter nach Deggendorf. An dieser Bahnlinie liegt Mangolding, das 1 Kilometer westlich von Mintraching entfernt ist. Eine direkte Straßenzufahrt von Regensburg nach Mintraching gibt es nicht. Die örtliche Attraktion ist das Mintrachinger Holz im Osten des Gemeindegebietes mit den zahlreichen Baggerseen und der Lourdeskapelle und der Kapelle Maria Einsiedel, ein geschütztes und viel besuchtes Waldgebiet inmitten der weiten Donauebene und im Gäuboden, der hier bis Regensburg heranreicht.

Verlauf der Wanderung:
Durchs Mintrachinger Holz

Von der Marktstraße halten wir uns auf die Kirche zu und schwenken im Linksbogen in Richtung Geisling. Wir gehen auf der Hauptstraße, vorbei am Gasthof Vilsmeier, der einen Biergarten hat, bis zum Maibaum. Hier zweigt ein Zugang zum Rathaus ab. Wir folgen der Straße in östlicher Richtung, verlassen beim Trafohäuschen den Ortsbereich und steuern auf den großen Wald zu. Die Straße ist teilweise von Bäumen gesäumt. Auf der rechten Seite sehen wir eine Bauminsel. Wir überwinden Gräben und erreichen das Gehöft Schwaighof. Nach dem Seegraben kommen wir zum Rand des Mintrachinger Holzes. Auf dem Fahrweg wandern wir in den Wald. Hier, unweit der Donau, sind eine Reihe von Baggerseen entstanden, die man rekultiviert hat. Das ganze Gebiet ist unter Schutz gestellt. Wir gelangen tief in den Forst hinein. Dort, wo links ein Forstweg nach Norden abzweigt und ein paar Schritte weiter östlich rechts ein Forstweg nach Süden führt, biegen wir auch rechts ab. Eine erste Abzweigung von unserem Weg nach Süden wird durch ein Tor verschlossen. Es ist der Zugang zu einem Weiher und es heißt: »Zutritt verboten. Netzgehegeanlage«. Ein Stück gehen wir noch weiter und am Ende des Baggersees, der rechts zu sehen ist, schwenken wir rechts in den Fußweg, der am Ufer entlangführt. Am Ende des Weihers biegt dieser Weg links, südwärts, ab. Nach ein paar hundert Metern erreichen wir die sogenannte Lourdeskapelle. Die weiß getünchte Anlage mit dem turmartigen Ansatz wurde 1906 gebaut. Im Innern befindet sich der Altar. In einem Vorbau, der sehr eng und mit Bänken versehen ist, kann man beten. Ein Kreuz steht an der Kapelle, und Bänke laden zum Ausruhen. Wir halten uns in südlicher Richtung weiter und gelangen nach einigen weiteren hundert Metern zur Kapelle Maria Einsiedel, die gleichzeitig entstanden ist und ähnlich wie die Lourdeskapelle aussieht.

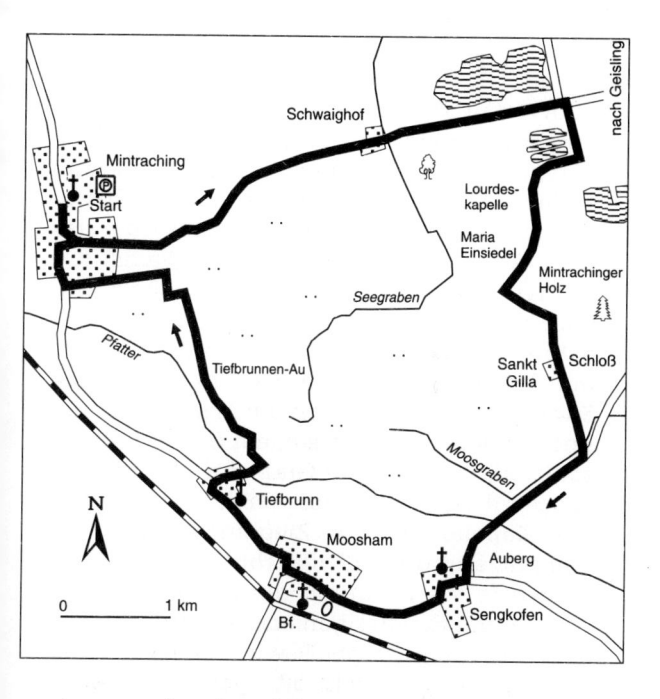

Über Sankt Gilla hinaus

Südwärts geht es zum Rand einer Lichtung. Diesem Rand folgen wir, bis wir einen Waldvorsprung durchqueren können und zum südlichen Saum des Mintrachinger Holzes kommen. Wir halten uns geradeaus über das Feld zum gegenüberliegenden Waldstück, wo wir links abbiegen und am Gehölz entlang weiterwandern. Die Richtung ist Südosten. Bei einem Ausläufer des Mintrachinger Holzes schwenken wir in etwa nach Süden, durchqueren einen Waldvorsprung und erreichen Sankt Gilla, ein Gut mit einem schloßähnlichen Villenbau im Neurenaissancestil aus dem Jahre 1875. Die St.-Ägidius-Kapelle ist aus Ziegeln gebaut und stammt aus dem 17. Jahrhundert. Es geht südwärts weiter durch die Ebene, die von Busch- und Baumreihen und -gruppen durchsetzt ist. Dann stoßen wir auf eine Fahrstraße, die Geisling mit Moosham beziehungsweise Sengkofen verbindet. Hier halten wir uns rechts, südwestlich, durch ein Auengebiet, wo der Moosgraben fließt, aber auch die Pfatter ihren Lauf hat.

Über Moosham durch die Tiefbrunnen-Au

Nach der Pfatterbrücke überwinden wir den mäßig hohen Auberg und kommen im Linksschwenk nach Sengkofen, wo uns eine querverlaufende Straße nach rechts aufnimmt. Wir sind auf der Brunnenstraße und schwenken nach der St.-Jakobs-Kirche links und ein paar Schritte weiter rechts ab. An der Ecke steht das Gasthaus zum Goldenen Krug. Wir verlassen Sengkofen und kommen nach einer Bachbrücke im Rechtsbogen zu den Sportplätzen von Moosham und in das Dorf hinein. Die Straße macht einen Rechtsschwenk. Wir passieren das Gasthaus Wild. Die Kirche hier ist St. Peter und Klemens geweiht. Der Turm geht auf das Jahr 1492 zurück. Gegen Ortsende wandern wir am ehemaligen Landsassengut vorbei, das später Brauerei wurde. Auf der von Bäumen gesäumten Straße erreichen wir Tiefbrunn. Leicht bergab durchqueren wir das Dorf. Nach dem frühgotischen Gotteshaus biegen wir rechts weg zum Ortsende, gehen über die steinerne Pfatterbrücke und wenden uns bei nächster Gelegenheit links in einen breiten Feldweg. Wir folgen einem Graben und Bäumen, die parallel zur Pfatter verlaufen, in etwa nördlicher Richtung durch die Tiefbrunnen-Au. Nach einer Bauminsel schwenken wir links weg und halten uns gleich wieder rechts. Dann nutzen wir die erste Gelegenheit, um links, westwärts, zum südlichen Ortsteil von Mintraching zu gelangen. Im Dorf biegen wir rechts, nordwärts, ab und wandern zurück zum Ausgangspunkt.

Entfernung: 20 km
Gehzeit: 5 Stunden
Topographische Karte: 1:25.000, Blatt 7039
Fritsch-Wanderkarte »Stadt und Landkreis Regensburg«, Blatt 63

19. Im Naab- und Penker Tal

Gemeindezugehörigkeit: Nittendorf

Ausgangsort: Nittendorf

Zufahrt/Lage:

Nittendorf liegt wenige Kilometer westlich von Regensburg. Die A 3 Regensburg–Nürnberg durchquert den Ort ebenso wie die Bundesstraße 8. Im Osten begrenzt die Naab den Gemeindebereich. Im Süden gibt es ausgedehnte Waldungen, und dem tief eingeschnittenen Naabtal folgt nach Norden ein breiter Waldstreifen. Eine weitere Verkehrsanbindung bietet die Bahnlinie Regensburg–Nürnberg.

Verlauf der Wanderung:
Am Schloß vorbei ins Naabtal

Wer von der Ausfahrt Nittendorf der A 3 in Richtung Etterzhausen, also nach Osten fährt, erreicht nach wenigen hundert Metern eine Unterführung unter Straße und Bahnlinie. Hier geht es zum Kernort Nittendorf. Gleich am Anfang beginnen wir beim Gasthaus Weiß mit Biergarten in der Eichenstraße unsere Wanderung. Wir halten uns auf dem Fußweg neben dem Fahrweg ostwärts in Richtung Etterzhausen. Bei nächster Gelegenheit biegen wir vor der Glockensiedlung links über die Eisenbahnbrücke und stoßen auf die Bundesstraße 8. Hier halten wir uns wieder ostwärts auf dem Fußweg weiter in Richtung Etterzhausen. Die Häuser dieser Ansiedlung beginnen bereits. Wir kommen am Bahnhof vorbei. Bei einer Ampelkreuzung geht es bergab zum Naabufer. Hier steht das Speiselokal zur Post. Kurz vor der Naabbrücke wenden wir uns links in die Amberger Straße, die uns am Schloß vorbeiführt.

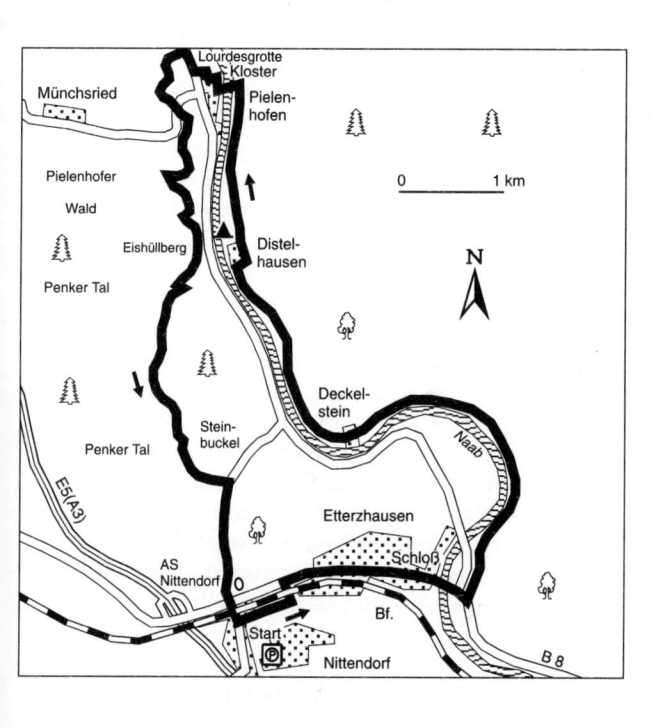

Auf beiden Seiten des Weges sind Häuser, und hier steht der Gasthof zur alten Brücke. Der Weg steigt etwas an. Wir erreichen einen Fahrweg, der am westlichen Naabufer verläuft. In diesen biegen wir rechts ab, kommen auf einer Brücke über die Naab und zur Bundesstraße 8. Kurz vorher schwenkt ein Weg unterhalb der Fahrstraße links weg, parallel zu unserem bisherigen, in Richtung Goldbergsiedlung. Auf der Ebenwieser Straße kommen wir an den Sportplätzen vorbei, halten uns aber nicht zur Goldbergsiedlung rechts hinauf, sondern bleiben am Naabufer. Nach wenigen Schritten nimmt uns der Wald auf. Wir folgen dem Steilhang, der teilweise mit Felswänden durchsetzt ist. Die Naab macht einen weiten Linksbogen aus der Nord- in die Nordwest- und Westrichtung. Wir gelangen zu den Häusern von Deckelstein, die an einem Wiesenhang stehen. Die Naab verläuft jetzt wieder mehr in nördlicher Richtung. Wir kommen am Waldhang zum Daxlhof. Die Hubertuskapelle hier wurde 1945/46 gebaut. Das Wiesengelände endet, und die Steilhänge befinden sich nun ganz nahe am Weg, aber nur für ein paar hundert Meter. Dann weitet sich der Talboden und macht sanft ansteigenden Wiesenhängen Platz. Die Waldhöhen treten zurück. Vor uns liegt Distelhausen mit dem Campingplatz. Ein Fahrweg nimmt uns auf, der nach Pielenhofen führt. Hier gehen wir links über die Brücke und halten uns rechts zum Kloster. Die ausgedehnte Anlage wird im Norden von der doppeltürmigen Klosterkirche mit ihren Zwiebelhauben begrenzt. Am Naabtalstüberl und an der Klosterwirtschaft vorbei kommen wir zwischen Torbogen ins Klosterinnere. Hier im Kloster ist die Vorschule der Regensburger Domspatzen untergebracht.

Im Pielenhofer Wald

Wir schauen uns im Ort und im Kloster um, ehe wir weitergehen. Wir halten uns, am Bruder-Konrad-Haus vorbei, in die Klosterstraße und von hier rechts in die Naabuferstraße, der wir ein paar Schritte bis zum Waldrand folgen. Hier gibt es einige Parkplätze und eine Lourdesgrotte. Im Waldwinkel halten wir uns links am Rand einer Wiese in westlicher Richtung hoch. Wir sind im Landschaftsschutzgebiet. Der Weg führt am Rand der Wiesenlichtung entlang und schwenkt bei einer Stromleitung nach rechts. Jetzt bewegen wir uns auf einem Hangweg immer noch bergauf. Markiert ist mit einem grünen Viereck. Eine Anhöhe wird erreicht. Der Weg macht einen Rechtsbogen. Wir sind dem Abhang zum Tal hinab nahe und stoßen bergab auf den Waldrand. Hier zieht eine Straße von Pielenhofen nach Münchsried. Diese Straße überqueren wir und bleiben auf dem Oberen Jägersteig am Hang über dem Tal. Beschildert ist Penker Tal und Bahnhof Etterzhausen. Die Markierung rotes Dreieck kommt zu der mit dem grünen Viereck. Von der Kreuzung aus hatten wir einen wunderbaren Blick auf Pielenhofen mit dem Kloster und einen weiten Bereich des Naabtals, vor allem auf die jenseitigen Hänge mit den Felsbastionen. Die Markierung rotes Dreieck schwenkt rechts hoch. Wir wandern auf dem breiten Forstweg am Hang weiter, der links steil abfällt, und sind im Pielenhofer Wald. Es geht langgezogen bergab. Man sieht den Campingplatz Distelhausen. Dann wendet sich der Weg in einem starken Bogen nach rechts. Wir folgen nun einem Taleinschnitt, der aus den Hügeln im Westen kommt, umrunden ihn und sind dem Naabtal nahe. Beim Anstieg wird der Blick ins Tal wieder frei. Bänke stehen am Weg. Danach geht es bergab. Erneut wird eine Talsenke umrundet und eine Dreieckkreuzung erreicht. Hier halten wir uns links. Die Wanderwegmarkierung rotes Dreieck führt jetzt steil ins Tal hinunter zum Unteren Jägersteig. Wir bleiben oben und folgen der grünen Markierung leicht bergauf. Ein Schild besagt, daß es 6 Kilometer bis Etterzhausen sind. Am Eishüllberg gelangen wir auf eine Anhöhe. Dann geht es bergab, und der dritte Taleinschnitt wird umrundet. In einer Mulde treffen wir auf eine Forstwegeinmündung. Auch hier gibt es Wanderwegschilder, die beispielsweise angeben: 5 Kilometer nach Etterzhausen Bahnhof und 3 Kilometer nach Pielenhofen. Wir biegen zunächst nicht ab, sondern wandern leicht bergauf und in einen kleinen Linksbogen. Eine große Dreieckkreuzung wird erreicht.

Durchs Penker Tal

Wir halten uns geradeaus südwestwärts bergauf, dem grünen Viereck nach, also nicht links hinunter nach Nordosten. Schließlich stoßen wir auf eine Mehrfachkreuzung. Hier am Prüflingholz ist ein Pavillon aufgestellt. Wir folgen jetzt halbrechts der Markierung rotes Dreieck. Der Weg führt in einem Rechts- und einem Linksschwenk bergab. Danach wird es ebener. Einen rechts abzweigenden Forstweg beachten wir nicht. Es geht geradeaus weiter und in einem leichten Linksbogen immer noch abwärts. Auf der rechten Seite fällt das Land steil ab. Wir sind über dem Penker Tal. Ein Hangweg leitet uns hinunter. Links unseres Weges bauen sich gelegentlich Felsformationen auf. Bänke laden zur Rast. Recht steil kommen wir in den Talboden. Der Weg schwenkt nach Osten und erreicht einen Querweg. Hier halten wir uns links, ostwärts, oberhalb des Talbodens weiter. Dann zweigt ein Weg nach rechts ab. Diesem folgen wir und kommen im spitzen Winkel nun in südlicher Richtung an den jenseitigen Rand des Penker Tals im Revier »Steinbuckel«. Im Linksbogen wandern wir vom Tal weg in eine weitere Talmulde, aber jetzt bergauf. Innerhalb des Waldes bewegen wir uns am Rand einer Wiesenschneise entlang, bis wir zum Wiesenrand hinauskommen und vor uns einen Sportplatz und darüber ein Haus sehen. Auch die Bundesstraße 8 ist sicht- und hörbar. Vor ihr halten wir uns links und stoßen auf eine Unterführung, in die wir rechts abbiegen. Es geht auch durch die Eisenbahnunterführung. Wir sind auf dem Eichenweg, der zurück zum Gasthaus Weiß leitet.

Entfernung: 16 km
Gehzeit: 4 Stunden
Topographische Karte: 1:25.000, Blatt 6937
Fritsch-Wanderkarte »Stadt und Landkreis Regensburg«, Blatt 63

20. Über die Römerschanze in die Donauhöhen

Gemeindezugehörigkeit: Pentling
Ausgangsort: Pentling

Zufahrt/Lage:

Der Übergang von der Stadt Regensburg zum südlich anschließenden Pentling ist nahtlos. Der Ort hat einen eigenen Autobahnanschluß: Regensburg-Süd. Hier verläuft auch die Bundesstraße 16. Die Donau begrenzt die Gemeinde nach Westen. Im Süden dehnt sich Waldland aus.

Verlauf der Wanderung:
Zur Römerschanze

In der Schulstraße stehen Rathaus und Kirche. Hier oder, über Stufen erreichbar, unterhalb am Weichslmühlweg bei den Sportplätzen können wir unsere Wanderung beginnen. Sie führt auf jeden Fall den Weichslmühlweg in westlicher Richtung abwärts. Wir streben in einer Senke zwischen baum- und buschbestandenen Hängen dem Donautal zu. Steil bergab kommen wir zur Weichslmühle, wo wir in einen querverlaufenden Weg links einbiegen. Das Donauufer ist mit Büschen bestanden. Wir wandern am Hang der aufsteigenden Waldhügel südwestwärts.

Man kann auch direkt am Donauufer entlanggehen. Eine Rettungsstation des Roten Kreuzes wird passiert. Dann stoßen wir auf die Häuser von Untertrading. Hier steht der Gasthof Walba mit Biergarten, und von hier kann man einen Abstecher zur Römerschanze machen. Wir bewegen uns links an den Koppeln hoch und folgen dem Pfad in den Steilhang des Waldes. Die Markierung rotes Viereck weist uns nach Pentling und die Markierung roter Kreis zur Römerschanze. Wir gehen also links dem roten Kreis nach und kommen zum felsigen Steilhang über der Donau. Hier steht eine Holzhütte und hier war die Römerschanze angelegt. Viel ist nicht mehr zu sehen. Wir wandern auf demselben Pfad zurück durch das Vogelpflegegebiet und halten uns im Tal des Tradinger Bachs links steil aufwärts durch den Wald. Der Bach verläuft zunächst auf der rechten Seite. Dann wechseln wir über eine Brücke nach links, sobald wir den Waldbereich verlassen. Links sehen wir bereits die Häuser von Obertrading. Die Höhen beiderseits des Weges steigen nicht mehr so steil an. Linker Hand sind es Waldhöhen, rechts nur noch Waldausläufer und danach Felder. Der Talboden weitet sich. Die Hänge werden sanfter, der Weg verläuft ebener und schwenkt nach Süden.

Am Wege: Niedergebraching

Vor uns liegen die Häuser von Graßlfing. Es geht aufwärts und bei den ersten Häusern über eine Anhöhe. Dann biegen wir links in eine Vorfahrtsstraße. Es ist nach Großberg beschildert. Der Weg führt bergab. Wir kommen durch ein Bachtal, überschreiten die Bachbrücke und treffen auf das Ortsschild von Großberg. Hier schwenken wir nicht links in den Ort hinauf, sondern bleiben unten am Hangweg. Es ist die Regensburger Straße. Zwischen Häusern geht es leicht bergan. Bei den letzten Häusern wenden wir uns rechts dem Schild »Niedergebraching«

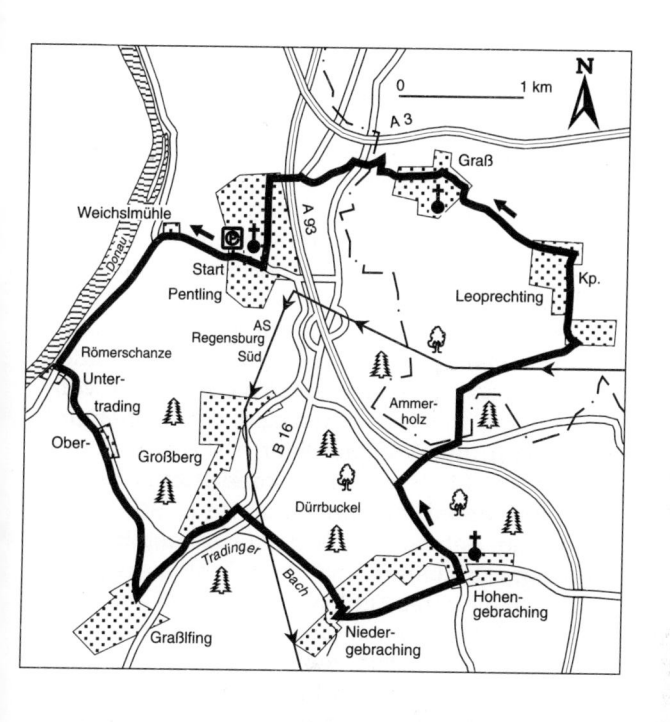

nach. Geradeaus überqueren wir die Bundesstraße 16 und folgen dem Hangweg in südöstlicher Richtung parallel zum Tradinger Bach. Links steigt die Waldhöhe des Dürrbuckels an. Wir erreichen die Häuser von Niedergebraching. Am Hang stoßen wir auf eine Vorfahrtsstraße, gehen rechts in die Geberichstraße und biegen nach ein paar Schritten links weg in den Kirchweg. Noch im Ortsbereich kommen wir über eine Kreuzung. Unser Weg zieht leicht bergauf. Links am Waldrand vereinigen sich die Häuser von Niedergebraching mit denen von Hohengebraching, das vor uns liegt. Dieses Dorf hat eine weithin sichtbare Mariä-Himmelfahrt-Kirche, einen neubarocken Bau. Bei einer Anhöhe gelangen wir zum Ortsschild von Hohengebraching und zum Schloß. Es gibt sowohl ein altes Schloß mit Brauerei aus dem Jahre 1834 als auch das Schloß, das der ehemalige Sommersitz der Abtei St. Emmeran war, in der heutigen Form 1727 gebaut. Im Hoftor kann man einen Wappenstein mit der Jahreszahl 1574 sehen.

Durchs Ammerholz zurück

Wir halten uns vor den Schloßmauern links und kommen noch innerhalb des Ortsbereichs über eine kleine Anhöhe. Am Ortsende macht der Weg einen Linksknick und steuert dem Wald zu. Es geht auf einem Hangweg hinein. Rechts fällt das Land ab. Links gibt es einen Abstecher zur Ausflugsgaststätte Perzel. Wir bewegen uns neben dem Fahrweg zu einem Wanderparkplatz auf einer Anhöhe. Danach folgen wir rechts dem Schild »Posthof«. Die Bundesautobahn A 93 wird überquert. Bei einem Parkplatzschild passieren wir ein Marterl. Hier sind auch Bänke aufgestellt. Eine kleine Grotte beherbergt eine Marienfigur. Wir befinden uns im Ammerholz und biegen links, nordwärts, ab. Dann halten wir uns geradeaus über eine Kreuzung und durchqueren bergab einen Waldstreifen. Der Weg schwenkt rechts weg und führt bergauf unter einer Überlandleitung hindurch. Rechts und links stoßen Ausläufer eines Waldstücks an unseren Weg. Wir sind auf einem Hangweg. Bei den Häusern von Leoprechting erreichen wir einen querverlaufenden Fahrweg, der uns nach links, nach Norden, aufnimmt. Vor uns ragt der Regensburger Fernsehturm auf. Es geht auf einem Hangweg weiter mit schöner Aussicht ins Umland. Wir kommen an Häusern vorbei, die am Brücklmaierweg stehen, und steigen steil hinunter, vorbei an einer hübschen Kapelle, ins Tal des Islinger Mühlbachs. Im Talboden biegen wir links in eine Vorfahrtsstraße, es ist die Liebhartstraße, verlassen den Bereich von Leoprechting und treffen auf das Ortsschild »Regensburg« und auf den Ortsteil Graß. Die Straße windet sich hin und her. Das Kirchlein von Graß mit der Zwiebelkuppel auf einem kleinen Turm, der neben dem hohen Schiff steht, bleibt links liegen. Wir folgen der Brunnstraße bergauf aus dem Ort. Vor der Bundesstraße 16 müssen wir rechts abzweigen, dann links weitergehen und die Bundesstraße überqueren. Jetzt sind wir bereits in Pentling. Wir schwenken links hinunter in den querverlaufenden Weg, es ist der Stadtweg, kommen über die Autobahn A 93, halten uns in einem Linksbogen in die Hauptstraße, wandern bergab, erreichen den Gasthof »Altes Tor« und biegen rechts zum Rathaus oder zur Weichslmühlstraße ab.

Entfernung: 16 km
Gehzeit: 4 Stunden
Topographische Karte: 1:25.000, Blatt 7038
Fritsch-Wanderkarte »Stadt und Landkreis Regensburg«, Blatt 63

21. Zu den Wasserschlössern von Eggmühl und Zaitzkofen

Gemeindezugehörigkeit: Pfakofen
Ausgangsort: Pfakofen

Zufahrt/Lage:

Die Große Laaber hat sich südlich von Regensburg mit zahlreichen Zuflüssen ein breites Tal geschaffen, das zwischen sanften Hügeln in der Hauptsache in West-Ost-Richtung verläuft und bereits im benachbarten Landkreis Straubing-Bogen die Kleine Laaber aufnimmt.

Pfakofen, am Flußufer gelegen und nördlich umrahmt von Waldstücken, ist von Regensburg über die Bundesstraße 15 und die Bahnlinie Regensburg–Landshut zu erreichen. Der nächste Bahnhof befindet sich im 2 Kilometer entfernten Unterdeggenbach, und auch zur Bundesstraße beträgt die Entfernung noch 1 Kilometer.

Verlauf der Wanderung:
Auf Napoleons Spuren

Von der Kirche aus wandern wir in südwestlicher Richtung auf der Rogginger Straße, und zwar auf Fahrrad- und Fußweg, dem Laaberufer folgend, auf Rogging zu. Das Dorf ist nach wenigen hundert Metern erreicht.

Bergab gelangen wir in das Ortszentrum. Der Einhauser Graben fließt hier der Laaber zu. Die Kirche bleibt rechts liegen. Wir schwenken links in eine Vorfahrtsstraße. Wo es nach Zaitzkofen weggeht, halten wir uns geradeaus, folgen also der Hauptstraße. Auf der linken Seite zwischen dem Laaberflüßchen und unserem Weg gibt es noch eine Reihe von Bauerngehöften. Dann verlassen wir den Ortsbereich und bewegen uns am Nordhang der Laaber weiter. Das Ufer ist von Büschen bestanden. Im Süden sehen wir das Schloß Zaitzkofen. Bei der Stanglmühle steht eine Kapelle, und von hier aus wandern wir, uns rechts haltend, auf einem Feldweg weiter, der nun ein Stück vom Bach entfernt verläuft. Ein Waldhügel liegt vor uns. Wir gehen auch in den Wald hoch und wo die Bäume aufhören, heißt es »Am Weinberg«. Bei den Bahngleisen erreichen wir wieder das Bachufer. Der Weg schwenkt etwas nach rechts. Nach der Bahnbrücke steuern wir auf den Weiler Eggmühl zu. Das mittelalterliche Schloß dort ist schön gelegen. Bei Eggmühl fand am 22. April 1809 eine entscheidende Schlacht statt, die mit dem Sieg Napoleons über Erzherzog Karl endete.

Zur Napoleonshöhe

Im weiteren Verlauf unseres Weges nimmt uns ein Querweg auf, er kommt vom Mauernhof, und wir gehen links, westwärts, weiter bis zu einem Fahrsträßchen, das von der Bundesstraße 15 abzweigt und nach Egg-

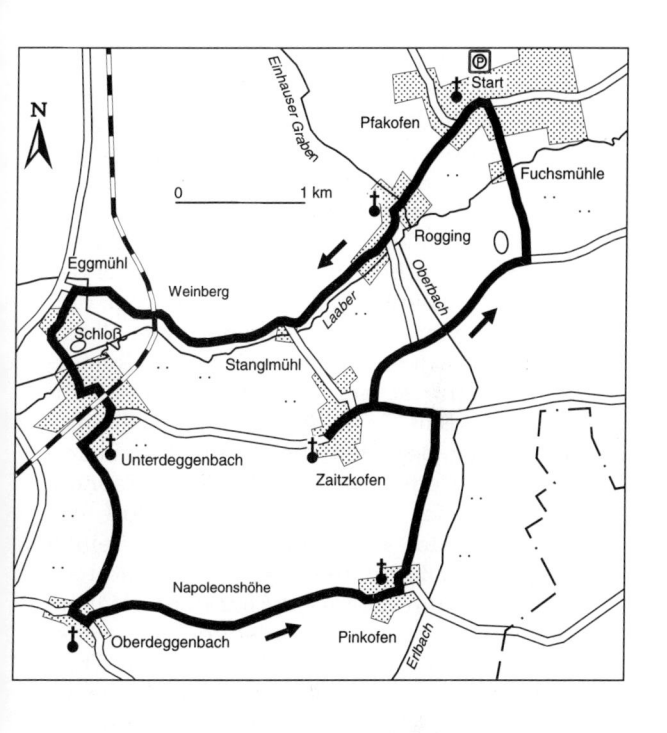

mühl hineinführt. Der Moosgraben hat uns bis zur Fahrstraße begleitet. Wir halten uns also links in den Ort hinein. Das Gasthaus, auf das wir jetzt stoßen, existiert seit 1630 und nennt sich heute »Napoleon«. Wir gehen nach links zum Schloß und zum Kriegerdenkmal. Vom Kirchplatz aus, wo das Gasthaus steht, bewegen wir uns links weiter. Nach einem Linksknick des Weges überschreiten wir die Brücke des Starzengrabens. Auf der linken Seite befinden sich Sportplätze. Wir passieren eine weitere Brücke und kommen schließlich über die Brücke der Großen Laaber in das Siedlungsgebiet, das zu Unterdeggenbach gehört. Im Rechtsschwenk gehen wir durch eine Bahnunterführung und danach bei erster Gelegenheit rechts weg in die Hauptstraße. Wir wandern am Kirchenwirt »Kain« vorbei und bewegen uns bei der Kirche St. Valentin links hinunter über den Deggenbacher Bach. Übrigens, die Steinbrücke über den Deggenbach heißt »Römerbrücke« und ist ein einbogiger spätmittelalterlicher Bau. In leichtem Rechtsschwenk steigen wir den Berg hoch. Auf der linken Seite des Weges, kurz nach dem Ortsende, ist der neue Friedhof angelegt. Auf der Anhöhe findet sich eine Bank, die einen schönen Ausblick über das Land gestattet. Dann bewegen wir uns auf aussichtsreichem Weg hinunter nach Oberdeggenbach. Über eine Landstufe erreichen wir steil das Dorf, durch das ein Graben fließt. Die Kirche ist dem heiligen Martin geweiht. Wir halten uns zwischen den Häusern ein paar Schritte nach links, um erneut links abzubiegen, dem Schild »Pinkofen« nach. Bergauf kommen wir zum Waldrand und am Ende des Waldstücks auf die Napoleonshöhe. Es ist ein 436 Meter hoher Aussichtsplatz mit einer Gedenktafel und mit Sitzgruppen. Wir schauen hier vor allen Dingen auch auf das 65 Meter tief gelegene Tal der Großen Laaber und auf Pfakofen. Von hier aus hatte Napoleon die bereits erwähnte Schlacht von Eggmühl geleitet, bei der jede der beiden Kriegsparteien 84000 Mann eingesetzt hatte. Zur Erinnerung an die Schlacht und an den Sieg Napoleons wurde übrigens bei Eggmühl das Löwendenkmal errichtet.

Zum Zaitzkofener Wasserschloß

Steil steigen wir hinunter nach Pinkofen. Die schmale Ortsstraße bringt uns zum Maibaum. Bei einer Kapelle und einem Kinderspielplatz biegen wir links, nordwärts, ab und verlassen im Bogen Pinkofen. Es geht abwärts. Auf der rechten Seite verläuft das Tal des Erlbachs. Halbrechts haben wir im Blickfeld Aufhausen mit der hübschen Barockkirche am Hügelgrat. Nach einer Anhöhe erreichen wir etwas steiler bergab eine Vorfahrtsstraße und schwenken links weg. Wir kommen nach Zaitzkofen hinein und gleich zum Wasserschloß. Der heutige Bau aus dem Jahre 1730 hat ein älteres Schloß aus dem 16. Jahrhundert ersetzt. Sehenswert ist die Bibliothek mit ihrer Einrichtung aus dem frühen 19. Jahrhundert im dritten Stock. Heute befindet sich im Schloß Zaitzkofen ein internationales Priesterseminar.

Über die Fuchsmühle zurück

Wir wandern vom Schloß aus wieder zurück zum Ortsausgang und verlassen leicht bergauf die Ansiedlung. Dann schwenken wir links weg in Richtung Pfakofen. Unser Weg fällt ins Tal des Oberbachs ab. Im Blickfeld haben wir bereits unseren Ausgangsort und den Weiler Rogging, die im Tal der Großen Laaber liegen. Nach der Grabenbrücke des Oberbachs steigt der Weg leicht an. Auf der linken Seite ist ein Sportplatz zu sehen. Unsere Route biegt im rechten Winkel nach Norden. Wir sind im Bereich eines kleinen Auwaldes. In dieser Gegend gibt es auch eine Reihe von Weihern. Wir kommen über eine Grabenbrücke. Der Graben fließt der Großen Laaber zu. Eine weitere Brücke läßt uns das Gebiet der Fuchsmühle erreichen. Hier überqueren wir die Große Laaber und halten uns nach Pfakofen hinein. Eine querverlaufende Straße nimmt uns nach rechts auf. Wir gehen zur Kirche mit dem gedrungenen Turm zurück und zu unserem Ausgangspunkt.

Entfernung: 16 km
Gehzeit: 4 Stunden
Topographische Karte: 1:25.000, Blatt 7139
Fritsch-Wanderkarte »Stadt und Landkreis Regensburg«, Blatt 63

22. Durch die Donauniederung zum Johannishof

Gemeindezugehörigkeit: Pfatter
Ausgangsort: Pfatter

Zufahrt/Lage:

Das langgezogene Dorf an einem Altarm der Donau liegt östlich von Regensburg und ist über die Bundesstraße 8 zu erreichen. Nördlich des Ortsrandes verläuft das Augebiet des auch hier begradigten großen Flusses mit den ursprünglich belassenen Altarmen. Im Süden erstreckt sich die weite Donauniederung, die durch Waldgebiete unterbrochen wird. Im Osten verläuft die Grenze zum Landkreis Straubing-Bogen.

Verlauf der Wanderung:
Zum Sportflugplatz

Bei der Kirche Mariä Himmelfahrt am Ostende eines verbreiterten Straßenzuges, der den Ortskern darstellt, beginnen wir unsere Wanderung. Hier befinden sich ebenfalls der Bischofshof und der Landgasthof Fischer. Wir sind auf der Ailauer Straße. In östlicher Richtung wandernd, lassen wir die Kirche links liegen, kommen am Feuerwehrhaus vorbei und am Gasthaus zur Post, hier steht auch das Rathaus, und halten uns geradeaus in die Nicolastraße, wo wir den Gasthof Hanauer finden. Auch die St.-Nikolaus-Kirche bleibt links liegen. Am Friedhof vorbei verlassen wir den Ort. Die Höhen, welche die Donau im Norden begrenzen, steigen vergleichsweise hoch an im Gegensatz zu den sanften Hügeln im Süden. Wir bewegen uns durch eine weite Ebene, vorbei an Feldkreuzen. Hinter dem Auwald fließt die Donau, und auf beiden Seiten des Flusses schwingen Altarme aus. Beeindruckend erhebt sich in unserem Blickfeld das Schloß Wörth über der Donau. Bei einer Baum- und Buschgruppe stoßen wir auf den Weiler Gmünd. Hier mündet der Kirchenbach in die Donau, und der Ort liegt direkt am Flußufer. Bei den ersten Häusern schwenken wir rechts, südwärts, ab. Wir folgen dem Schild »Griesau«. Unser Weg ist von Bäumen gesäumt. Wir haben einen weiten Blick auf die Dörfer und die Busch- und Waldgruppen in der Ebene. Auf der linken Seite ist der Sportflugplatz angelegt. Dann erreichen wir Griesau. Im kleinen Ort halten wir uns auf den Maibaum zu und auf die Kapelle St. Leonhard. Eine Vorfahrtsstraße nimmt uns im spitzen Winkel rechts auf.

Über die Fallmeisterei auf den Johannishof zu

Vor dem letzten Haus von Griesau biegen wir aus der Regensburger Straße ab in Richtung Bundesstraße 8. Hier gehen wir geradeaus drüber in einen einspurigen befestigten Feld-

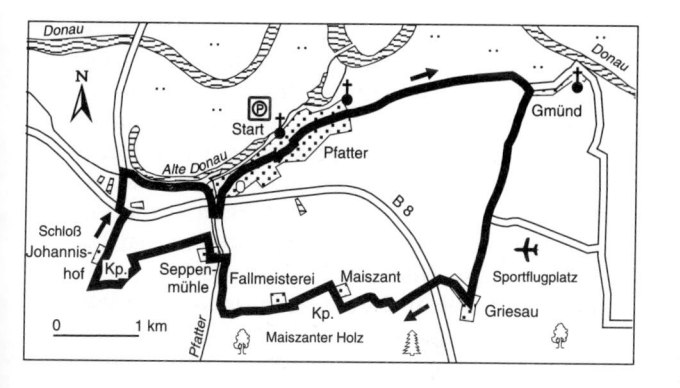

weg. Auf der linken Seite dehnt sich das Maiszanter Holz aus. In einiger Entfernung vom Wald bewegen wir uns westwärts weiter. Nach einigem Hin und Her erreichen wir das Gehöft Maiszant. Die Hofkapelle mit dem Türmchen wurde um 1930 gebaut. Innerhalb des Hofes steht ein riesiger Taubenschlag. Am Ende der Hofanlage schwenken wir links ab. Auch dieser Weg führt in der Hauptsache nach Westen auf die Fallmeisterei zu. Das Gehöft bleibt rechts liegen. Unsere Route wird von ein paar Feldwegen gekreuzt. Dann stoßen wir auf ein Fahrsträßchen, das parallel zur Pfatter in Nord-Süd-Richtung verläuft. Das Flußufer ist mit Büschen und Bäumen bestanden. Wir biegen rechts ein und gehen bis zur Seppenmühle. Hier halten wir uns links über die Pfatterbrücke, bewegen uns durch das Gehöft und schwenken danach rechts in einen querverlaufenden Feldweg. Bei erster Gelegenheit biegen wir wieder links, westlich, ab und steuern auf den Wald zu. Am Waldrand zieht sich eine Überlandleitung hin. Nun müssen wir uns ein paar Schritte links halten, um rechts in den Wald einzutauchen, erst in südwestlicher, dann in westlicher Richtung. Wir stoßen auf die südlich des Johannishofes gelegene Kapelle aus dem 18. Jahrhundert. Von hier gibt es eine Wegverbindung durch das Gut zum schloßähnlichen Gebäude Johannishof aus dem ausgehenden 18. Jahrhundert.

An der Alten Donau zurück

Wir verlassen den Gutsbereich über eine Allee in Richtung Bundesstraße 8. Auf dieser gehen wir ein paar Schritte links, um dann rechts in Richtung Wörth abzubiegen. Nach der Brücke des Geislinger Mühlbachs steigen wir einfach rechts den Hang hinunter zu einem Feldweg, der unterhalb des Wegdamms verläuft. Er führt uns nach Osten. Wir passieren die steinerne Brücke des Geislinger Bachs, dieser Bach fließt zum Altarm der Donau, und gelangen zum Ufer des Altarms. Auf der rechten Seite befinden sich Wiesen. Der Donauhang, der höher liegt als das Auengelände jenseits, ist mit Büschen und Bäumen bestanden. Vor uns liegen bereits die Häuser von Pfatter. Beim ersten Gehöft schwenkt unser Weg rechts weg. Es ist ein Wanderweg, der mit einem roten Viereck auf weißem Grund markiert ist. Vor der Bundesstraße biegen wir links hinunter zur Unterführung, gehen wieder links über die Pfatterbrücke und erneut links in eine Vorfahrtsstraße, die nach Pfatter hineinführt. Wir kommen an den Sportplätzen vorbei. Der Weg macht einen Rechtsbogen. Wir sind auf der Regensburger Straße. Auf ihr kommen wir zurück zur Ortsmitte und zur Kirche.

Entfernung: 20 km
Gehzeit: 5 Stunden
Topographische Karte: 1:25.000, Blatt 7040
Fritsch-Wanderkarte »Stadt und Landkreis Regensburg«, Blatt 63

23. Aus dem Regental ins östliche Hügelland

Gemeindezugehörigkeit: Regenstauf

Ausgangsort: Regenstauf

Zufahrt/Lage:

Regenstauf nennt sich »Eingangstor zum Naturpark Vorderer Bayerischer Wald«. Die größte Gemeinde des Landkreises, die sich breit um den Schloßberg lagert, liegt 13 Kilometer nördlich von Regensburg direkt an der B 15. Der Markt kann ebenso über die Ausfahrt Ponholz der A 93 erreicht werden. Durch den Ort führt auch die Bahnlinie Regensburg–Weiden, der Bahnhof befindet sich im Ortszentrum.

Verlauf der Wanderung:
Zum Ramspauer Schloß

Wir starten auf der Schwandorfer Straße an der großen Regenbrücke und biegen hier gleich rechts weg von der Bundesstraße 15 in die Spindlhofstraße. Nach ein paar Schritten sehen wir auf der linken Seite bereits das Schloß Spindlhof, einen neugotischen Bau aus dem 18. Jahrhundert, erbaut aus grauem Gestein. Unser Weg verzweigt nach dem Schloß. Wir halten uns links in Richtung Ramspau. Dann schwenken wir rechts in eine Vorfahrtsstraße. »Am grasigen Weg«

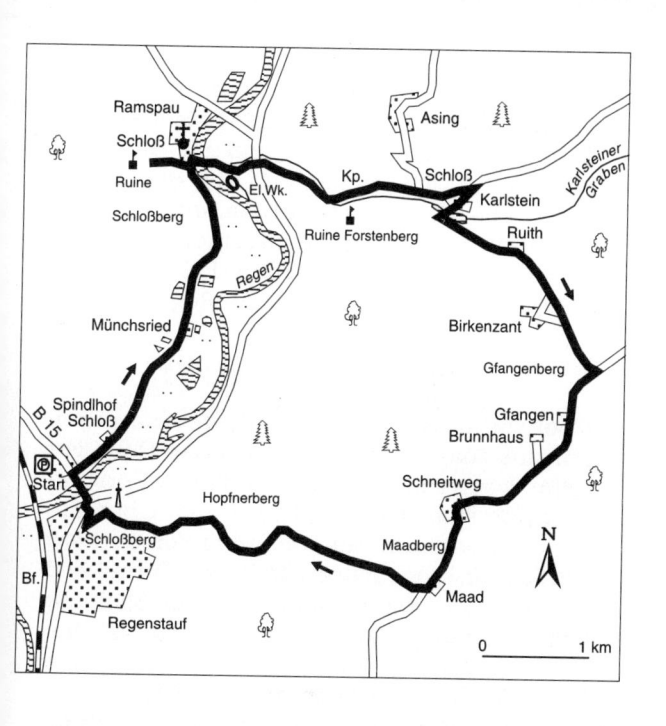

heißt es hier. Jenseits des Regenufers steigen die östlichen Waldhügel an. Links sind die Höhen flacher. Wir erreichen den Weiler Münchsried. Danach kommen wir zum unteren Rand des Schloßberges. Bänke sind hier aufgestellt. Auf dem Schloßberg gibt es mittelalterliche Reste einer Burgruine. Vom Bergfried ist noch etwas zu sehen. Auch zwei Gewölbekeller kann man entdecken. Am Ortseingang von Ramspau gelangen wir zum Schloß, einem Walmdachbau mit vier Rundtürmen aus dem 17./18. Jahrhundert. Gegenüber am Regenufer gibt es beim E-Werk eine Fußgängerbrücke und Sportplätze. Wer will, kann einen Abstecher nach Ramspau hinein machen und im Gasthaus Ramspauer Hof einkehren, der gegenüber der Kirche steht. Weiterführende Informationen kann man im Fremdenverkehrsamt einholen. Wir gehen auf jeden Fall über die Fußgängerbrücke auf die linke Regenseite.

Nach Karlstein hinauf

Über die Regenuferstraße hinweg bewegen wir uns zum Wald hoch. Das letzte Haus vor dem Waldrand ist das Landhaus Forstenberg. Es sieht wie ein Schloß aus. Oberhalb im Wald befindet sich die Ruine Forstenberg mit Resten eines mittelalterlichen Turms und von Mauern. Dann folgen wir der Schlucht des Karlsteiner Grabens in den Wald hinein. Bänke laden am Wegesrand zur Rast. Eine Waldkapelle, die unter einem Felsen steht, wird passiert. Das Bachtal ist tief eingeschnitten. Wir stoßen auf einen Wanderparkplatz mit einer Wandertafel und kommen schließlich nach der Abzweigung Richtung Asing nach Karlstein hinein. Wir wandern auf einer Hangstraße und halten uns links zum Schloß Karlstein. Es ist eine vierflügige Anlage, die wohl aus dem 16. Jahrhundert stammt. Der südliche Flügel ist im neugotischen Stil errichtet und die Schloßkapelle barock. Ein Altersheim ist hier untergebracht. Unterhalb steht das Gasthaus Lautenschlager. Vor diesem Gasthaus gehen wir über die Brücke des Karlsteiner Bachs in Richtung Schneitweg-Birkenzant, zunächst am Ufer eines Weihers entlang.

Über Schneitweg hinaus

Ein Linksbogen des Weges bringt uns in östliche Richtung. Bergauf erreichen wir das Gehöft Ruith. Die Straße ist von Bäumen gesäumt. Unser Höhenweg knickt etwas nach rechts ab, so daß wir nun südostwärts wandern. Waldhügel begrenzen die Aussicht. Vor uns sehen wir auf einer Anhöhe den etwas abseits liegenden Weiler Birkenzant. Wir kommen auf der Höhe dem Wald nahe. Dann gelangen wir zum Waldrand und zu einer Kreuzung in einer Feldbucht. Hier schwenken wir rechts ab. Auch der Weiterweg verläuft auf der Höhe und bietet eine weite Aussicht, vor allem nach rechts, bis der Wald erreicht ist. Im Wald überwinden wir den Gfangenberg und halten uns bergab zum Gehöft Gfangen am Waldrand, wo auch ein Feldkreuz steht. Links senkt sich das Land in eine Mulde. Wir steuern südwärts auf ein Waldtal zu. Erneut kommen wir zum Waldrand und danach zu einer Rodungslichtung. Am Hang unterhalb liegt das Gehöft Brunnhaus. Wir sehen nach rechts in eine tiefe Talmulde. Leicht bergauf stoßen wir wieder auf Wald und durchqueren einen Waldstreifen. Der Weg knickt nun nach Westen. Im Linksbogen erreichen wir Schneitweg. Ein Feldkreuz steht zwischen zwei riesigen Kastanienbäumen. Im Gasthof

Wolf können wir einkehren. Südwärts verlassen wir den Weiler und wandern leicht bergauf durch eine Rodungsinsel dem Wald zu.

Besuch auf dem Schloßberg

Die Wege von Karlstein her sind weitgehend auf Höhen verlaufen. Auch jetzt ist es ein Gratweg. Im Wald kommen wir hinunter zum Weiler Maad, gehen bei einer Dreieckkreuzung rechts ein Stück am Rand des bewaldeten Maadberges entlang und dann zwischen die Bäume hinein. Ein Gratweg mit beidseitigem Gefälle leitet uns hinunter. Die Schluchten rechts und links sind tief eingeschnitten. Der Weg wird steiler und ist mit Bänken versehen. Bei einem Wegbogen könnten wir zum Ellenbachstüberl, einer Einkehr im Wald, abzweigen. Der Weg windet sich weiter und wird sehr steil. Schließlich müssen wir ins Regental absteigen. Nach dem Hopfnerberg sieht man die ersten Häuser von Regenstauf. Hier biegen wir rechts ab zum Burghotel. Das ist eine Gaststätte auf dem Schloßberg. Ein schmaler Hangweg führt im Wald aufwärts, vorbei an einem Spielplatz. Ein Denkmal und ein Gedenkstein sind hier aufgestellt. Es gibt Bänke am Weg und einen Pavillon. Vor dem Schloßhotel geht es rechts zwischen steilen Felsen zur Lourdesgrotte. Gegenüber steht eine Kapelle. Hinter der Kapelle kann man über Stufen auf den Fels steigen zu den Resten der einstigen Burg. Von hier führt übrigens ein Fußweg hinunter nach Regenstauf, den wir auch benutzen.

Dieser Fußweg leitet, teilweise auf Stufen, zur Bergstraße, und zwar über den sogenannten Schloßbergweg. Sie bringt uns hinunter zur Hauptstraße. Vor der Regenbrücke stoßen Hauptstraße und Lohstraße zusammen. Wir gehen über die Brücke zurück zum Ausgangspunkt.

Entfernung: 18 km
Gehzeit: 4½ Stunden
Topographische Karten: 1:25.000, Blatt 6838, 6839
Fritsch-Wanderkarte »Stadt und Landkreis Regensburg«, Blatt 63

24. Aus dem Tal der Großen Laaber zur Keltenschanze

Gemeindezugehörigkeit: Schierling

Ausgangsort: Schierling

Zufahrt/Lage:

Der Markt liegt südlich von Regensburg zwischen der Bundesstraße 15 und der Landkreisgrenze an der Großen Laaber.

Verlauf der Wanderung:
Zur Schanze im Kolbinger Holz

Bei der Brauerei Thurn und Taxis, bei den Parkplätzen des Bräustüberls, können wir starten. Zunächst schauen wir uns den Gänsingerbrunnen an. Er wurde 1980 von Klaus Vrieslander errichtet. Wir gehen von hier bergauf auf das Ortszentrum zu und zur Kirche, wo wir links abbiegen. Leicht aufwärts passieren wir den Gasthof zur Post und beim Schild »Schützengesellschaft – Wasservögel – Schierling – Sportschützen« halten wir uns rechts weg. Die Straße heißt »Zum guten Hof« und steigt steil an. Die Abzweigungen Antonileiten und Ziegelstraße bleiben rechts liegen. Unsere Richtung ist Nordwesten. Auf der Anhöhe ist die Bebauung zu Ende. Hier verzweigt der Weg. Wir wandern

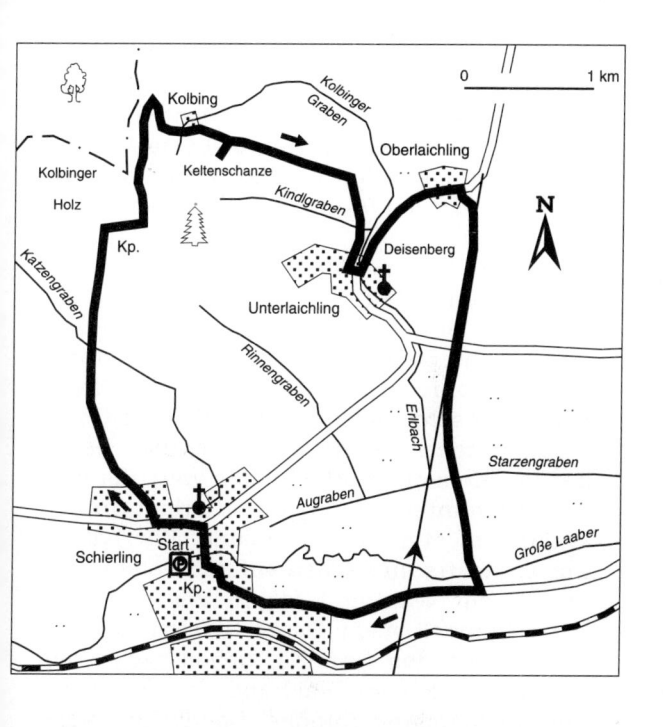

geradeaus weiter und kommen ansteigend zwischen Büschen und Bäumen erneut auf eine Anhöhe. Nun geht es über zwei Stufen abwärts in eine Talmulde. Der Weg teilt sich. Wir schwenken rechts weg und bewegen uns nördlich hinunter ins Tal des Katzengrabens. Danach steigt das Land in Stufen an. Es ist mit Büschen und Bäumen besetzt. Der Waldrand wird erreicht. Rechts ist Quellgebiet. Hier wächst auch Schilf, und hier beginnt das Tal des Rinnengrabens. Ein Stück halten wir uns am Waldrand aufwärts. Nach einem umfriedeten Privatgrundstück treffen wir auf die St.-Georgs-Kapelle. Von hier aus hat man eine großartige Aussicht ins Umland, vor allen Dingen ins Laabertal. Unser Weg führt nach der Kapelle rechts ab. Ein querverlaufender Weg nimmt uns nach links auf. Erneut stoßen wir auf Wald. Es geht geradeaus hinein. Wir folgen dem Wanderwegzeichen rotes Schild. Der recht gute Forstweg leitet zunächst nordwärts bergab. Dann sieht man zwischen den Baumstämmen auf der rechten Seite hindurch aufs freie Feld. Hier schwenken wir bei nächster Gelegenheit rechts ab und wandern etwas bergauf zu einem querverlaufenden Weg, der uns rechts hinunter zum Waldrand bringt. In der Waldbucht steht eine Scheune. Wir halten uns südwärts und sehen auf das Gehöft Kolbing. Dem Waldrand folgen wir dann im Linksschwenk nach Osten, stoßen auf die Wegzufahrt des Gehöfts, gehen rechts ab und kommen vom Waldrand weg auf eine buschbestandene Anhöhe. Das ist der Ausgangspunkt für einen Abstecher nach rechts zur Keltenschanze im Kolbinger Holz.

Zur Kleinen Au

Zurück auf dem Fahrweg halten wir uns ostwärts weiter. Es geht leicht bergab. Links befindet sich das Tal des Kolbinger Grabens, rechts das Tal des Kindlgrabens. Weit reicht auch von hier der Blick ins Umland. Rechts unter uns liegt Unterlaichling. Wir steigen in den Ort hinunter, der am Fuß des bewaldeten Deisenbergs liegt. Bei einem Spielplatz kommen wir zwischen die Häuser und biegen bei nächster Gelegenheit links in eine Vorfahrtsstraße. Gleich halten wir uns wieder links und wandern am Fuß des Hügels nordöstlich aus dem Ort. Links verläuft das Tal des Erlbachs. Wir bewegen uns auf dem Fußweg neben der Straße, passieren eine kleine Ziegelkapelle und erreichen Oberlaichling. Hier gehen wir bergauf, bis wir gegen Ortsende abzweigen können. Es ist ein Weg am Hang einer hübschen Mulde. Ein Gratweg wird daraus. Unter einer doppelten Überlandleitung schwenkt der Weg dann leicht nach rechts und führt uns parallel und unter diesen Leitungen südwärts weiter. Wir haben das Laabertal vor uns. Die flachen Mulden und sanften Hügel dahinter sind bewaldet. Es geht ein wenig auf und ab und nach einer letzten kleinen Anhöhe leitet ein Abschwung zu einer querverlaufenden geteerten Straße. Hier halten wir uns geradeaus drüber. Der Weg zieht leicht nach links, weg von den Überlandleitungen. Wir sind in der Talebene der Kleinen Au und in einem Wiesenbrüterschutzgebiet. Einzelne Bäume säumen unseren Weg. Wir überqueren zunächst den Augraben, eine Bank lädt hier zur Rast, und befinden uns auf Wanderweg Nr. 8. Bei einer teilweise verfallenen Mühle kommen wir über die Laaber zu einer Vorfahrtsstraße, in die wir rechts einbiegen. Wir verlassen also die Laaberstraße und wandern auf dem Fußweg neben der Schierlinger Straße weiter. Rechts fließt die Große Laaber, links verläuft eine Bahnlinie. Es ist die Route, die bei Unterdeggenbach von der Strecke Regensburg–Landshut abzweigt und in Langquaid endet. Ein Rechtsbogen bringt uns nach Schierling hinein. Bei einer kleinen Kapelle geht es hinunter auf das Ortszentrum zu, vorbei am Gasthof Dengler, vorbei auch am Café Berlin, und über die Laaberbrücke und den Rathausplatz zurück zum Ausgangspunkt.

Entfernung: 17 km
Gehzeit: 4½ Stunden
Topographische Karten: 1:25.000, Blatt 7138, 7139
Fritsch-Wanderkarte »Stadt und Landkreis Regensburg«, Blatt 63

25. Aus dem Donautal ins Tal der Schwarzen Laaber

Gemeindezugehörigkeit: Sinzing

Ausgangsort: Sinzing

Zufahrt/Lage:

Sinzing, in die westlichen Hänge der Donau geschmiegt, schließt an Regensburg an und ist über die Ausfahrt Sinzing der A 3 von der Stadt aus in wenigen Minuten zu erreichen. Eine Bahnlinie verläuft parallel zum Donauufer.

Verlauf der Wanderung:

Zum Donauufer

Wir starten unterhalb der neuen Kirche mit ihrem viereckigen schlanken Turm und dem Satteldach in der Nähe des Maibaums und gehen auf dem Minoritenweg südwärts aus dem Dorf. Auf einem Hangweg verlassen wir den Ortsbereich und haben bereits eine weite Aussicht. Nach links fällt das Land zur Donau ab. Rechts beim Hohen Ranken steigt es an. Wir sehen droben am Hang noch Ausläufer der Siedlungen von Sinzing. Ein steinernes Feldkreuz unter einem Baum wird passiert. Die Hänge hier heißen »Weinberg«. Nach ein paar hundert Metern stoßen wir auf die Ausläufer eines Golfplatzes, einer gepflegten Anlage. Dann erreichen wir die Häuser von Minoritenhof. Jetzt tut sich gelegentlich ein Blick zum Donaufluß hinunter auf. Der befestigte Weg endet nach den letzten Häusern des Dorfes. Eine Weile noch sind rechts die Ausläufer des Golfplatzes zu sehen. Links verläuft die Bahnlinie. Baumreihen versperren überwiegend die Sicht zum Fluß. Auch unser Weg ist dicht von Büschen gesäumt. Unter Baumkronen wandern wir wie in einem Tunnel. Allmählich steigen rechts die steilen Waldhöhen hoch, gelegentlich unterbrochen von Felsformationen. Wir folgen dem Wanderwegzeichen blaues Viereck und sind im Naturschutzgebiet.

Über die Zuylenkapelle nach Bergmatting

Wir stoßen auf ein Wegedreieck. Ein Hohlweg zieht den steilen Waldhang hoch. Hier müssen wir uns entscheiden: entweder weiter an der Donau entlanggehen oder über die Höhen Bergmatting erreichen. Beide Möglichkeiten sind reizvoll. Die letztere verlangt mehr Orientierungssinn. Beim Aufstieg zweigen immer wieder Wege ab, die sich teils verlieren. Wir halten uns also bei der ersten Abzweigung rechts, bei der zweiten links. Dann macht der Weg einen Rechtsbogen. Die nächste Abzweigung führt rechts weiter. Von rechts münden zwei Waldwege in unsere Route ein. Wir gehen nach Nordwesten und bleiben in dieser Richtung bis zum höchsten Punkt, der auf der Karte mit 428 Metern

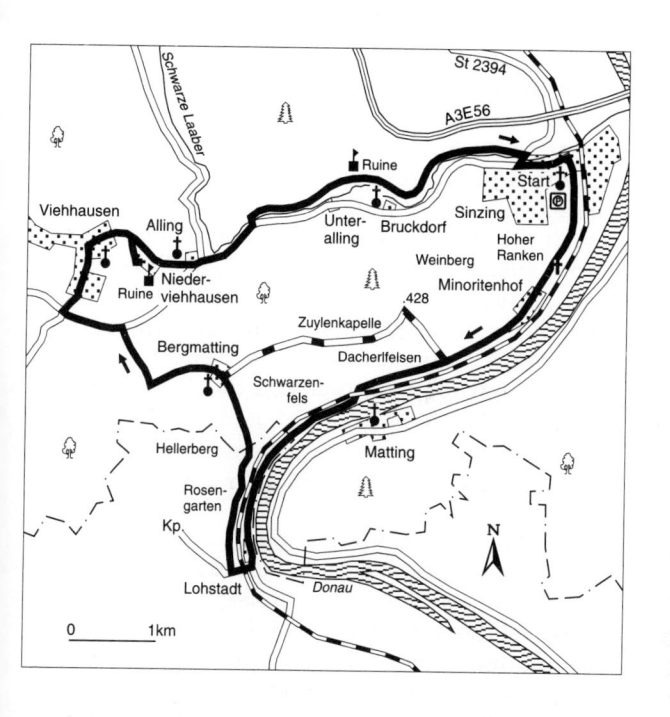

angegeben ist. Eine Kreuzung wird erreicht. Hier halten wir uns links weg, zunächst südwestwärts. Der Weg steigt weiter an. Es ist ein schmaler Waldweg, und man muß aufpassen, hier den richtigen Anschluß zu finden. Man wird leicht verleitet, geradeaus in westlicher Richtung zu gehen. Unser Weg führt, etwas bergauf, im Wald hin- und herschwenkend, überwiegend nach Westen. Bei einer Mehrfachkreuzung kommen wir zur kleinen Zuylenkapelle. Sie wurde von Freiherr Franz von Zuylen-Nyevelt erbaut. Auch hier muß man beim Weiterweg aufpassen. Wir sind etwa hundert Meter über dem Donaufluß und halten uns zunächst westwärts, also links. Der Weg leitet nun bergab. Querwege dürfen wir nicht beachten. Bei einer Kreuzung müssen wir unsere etwas nach Süden abgewichene westliche Richtung weiter verfolgen, bis wir endlich zum Waldrand gelangen. Wir sehen bereits die Häuser von Bergmatting mit der Kirche in der Mitte. Südlich der Kirche treffen wir auf das Fahrsträßchen, das von der Donau heraufkommt.

Alternativweg über Lohstadt

Die bequeme Variante führt am Fuß der Waldhänge parallel zum Bahndamm weiter. Wir passieren den Dacherlfelsen, eine gewaltige Felsformation im Waldhang. Dann tritt der Hang etwas zurück. Bei einem Bahnübergang halten wir uns links über die Gleise. Die Donau vollzieht einen großen Bogen. Man sieht zwischen den bewaldeten Steilhängen immer wieder Felsformationen. Das Donauufer ist nahe, wo es nach Matting hinüber eine Fähre gibt. Jetzt sind wir im breiten Talboden des Flusses und wandern an einer Felsenburg mit einem riesigen Loch vorbei. Immer wieder steigen Felsformationen aus der Niederung; eine heißt »Schwarzenfels«. Ein Taleinschnitt spaltet den Waldhang auf der rechten Seite. Wir bewegen uns am Donauufer weiter und erreichen die Häuser von Lohstadt. Hier gibt es das Gasthaus

Berzl mit Biergarten. Danach stoßen wir auf eine Vorfahrtsstraße, biegen rechts ab, verlassen also die Lohstraße, kommen durch eine Bahnunterführung und gehen auf der Straße bergauf in Richtung Bergmatting. Noch haben wir schöne Ausblicke ins Donautal. Dann zieht der Weg vom Tal weg den Hang hoch und wird ebener. Wir haben die Häusergruppe Rosengarten passiert und sehen vor uns bald die Häuser von Bergmatting. Eine Anhöhe wird überwunden. Das Land fällt links ab. Rechts steigt ein sanfter Hügel an. Zwischen den Häusern halten wir uns etwas abwärts. Von rechts ist der Weg eingemündet, der von der Zuylenkapelle kommt.

Nach Viehhausen und zur Schwarzen Laaber

Wir passieren die kleine Kirche von Bergmatting. Der Weg macht einen Linksbogen. Bei einem Trafohäuschen verlassen wir den Ort in Richtung Alling. Es ist ein Hangweg, dem wir folgen. Er verläuft auf einer Landstufe. Wir bewegen uns an der Häusergruppe am Hellerberg vorbei und erreichen bergab den Waldrand, an dem wir ein Stück entlanggehen. Dann queren wir zum jenseitigen Waldstück, biegen hier rechts ab und durchwandern den Forst in einem Linksbogen. Wir halten uns steil hinunter und kommen ebenso steil aus dem Wald zu einer Vorfahrtsstraße, die uns nach links aufnimmt und in einem Talboden aufwärts führt. Wir gelangen zu den Häusern von Viehhausen. Auf der Höhe schwenken wir rechts in den Ort hinein, sind auf der Reichenbachstraße und steuern auf die Kirche zu. In Viehhausen gab es an der Stelle eine Burg, wo heute noch der alte sechsgeschossige Turm zu finden ist. Die Kirche St. Leonhard ist ein neuromanischer Bau. Direkt daneben steht das ehemalige Schloß, das seit 1852 als Kloster genutzt wird. Wir haben die Kirche über die Rosenbuschstraße erreicht. Hier lädt das Gasthaus Stadler zur Einkehr. Bei der Post biegen wir rechts in die Jurastraße und machen nach einem riesigen Kastanienbaum einen Abstecher in die Turmstraße, um die Turmruine zu besichtigen. Wir gehen auf demselben Weg zurück und wandern dann der Talschlucht zu, die steil mit bis zu 11 % Gefälle zu einer Vorfahrtsstraße hinunterführt. Hier halten wir uns bei einer Kapelle links in den breiten Talboden. Wir passieren die Häuser von Alling und kommen zum Ufer der Schwarzen Laaber.

Im Laabertal zurück

Wir erreichen eine Brücke, hier gibt es Wanderwegzeichen und Schilder, überqueren den Fluß und bewegen uns am jenseitigen Ufer in östlicher Richtung weiter. Ein Abstecher würde uns zum Gasthaus Laabertal bringen. Rechts des Weges bleibt eine Fabrik liegen. Der Talboden wird enger. Die Waldhänge steigen steiler an. In einem Wegbogen kommen wir in den Bereich von Unteralling, das jenseits der Laaber liegt. Bevor wir die nächste Häusergruppe auf der anderen Seite des Flusses sehen, können wir zu einer Burgruine hinaufwandern. Das ist ein kleiner Abstecher. Viel zu sehen gibt es nicht. Bei den Häusern von Bruckdorf danach steht eine hübsche Kirche. Bald gelangen wir zur Poschenrieder Mühle, einem Reiterhof, in dem man auch einkehren kann. Die ersten Häuser von Sinzing werden sichtbar. Wir erreichen eine Brücke. Die Staatsstraße 2394 überquert hier den Fluß. Auch wir bewegen uns zum anderen Ufer hinüber. Dann geht es links auf der Bruckdorfer Straße weiter. Sie führt uns bergauf zum Kirchweg und zurück zum Ausgangspunkt.

Entfernung: 20 km
Gehzeit: 5 Stunden
Topographische Karten: 1:25.000, Blatt 7037, 7038
Fritsch-Wanderkarte »Stadt und Landkreis Regensburg«, Blatt 63

26. Über die Ochsenstraße zum Schwarzen Herrgott

Gemeindezugehörigkeit: Sünching

Ausgangsort: Sünching

Zufahrt/Lage:

Bei Sünching kreuzt die Bahnlinie Regensburg–Deggendorf das Tal der Großen Laaber. Von Regensburg aus führen nur Nebenstraßen zur bäuerlichen Gemeinde, die südöstlich der Kreisstadt liegt. Hier ist auch die südöstliche Landkreisgrenze, die an dieser Stelle zwischen den Tälern der Kleinen und Großen Laaber durch ein ausgedehntes Waldstück markiert ist. Das markanteste Gebäude im Ort ist das Schloß. Nach 1759 errichtete François Cuvilliés den Bau um einen Mittelhof. An der Ausstattung wirkten Matthäus Günther, Franz Xaver Feichtmayr und Ignaz Günther mit. Die Allee, die von der Geiselhöringer Straße zum Schloß führt, entstand Mitte des 18. Jahrhunderts.

Verlauf der Wanderung:

Aus dem Tal der Großen Laaber zu den Schafhöfen

Wir gehen vom Schloß in nordöstlicher Richtung auf die Kirche zu und im Linksbogen an der Kirche vorbei; sie bleibt also rechts lie-

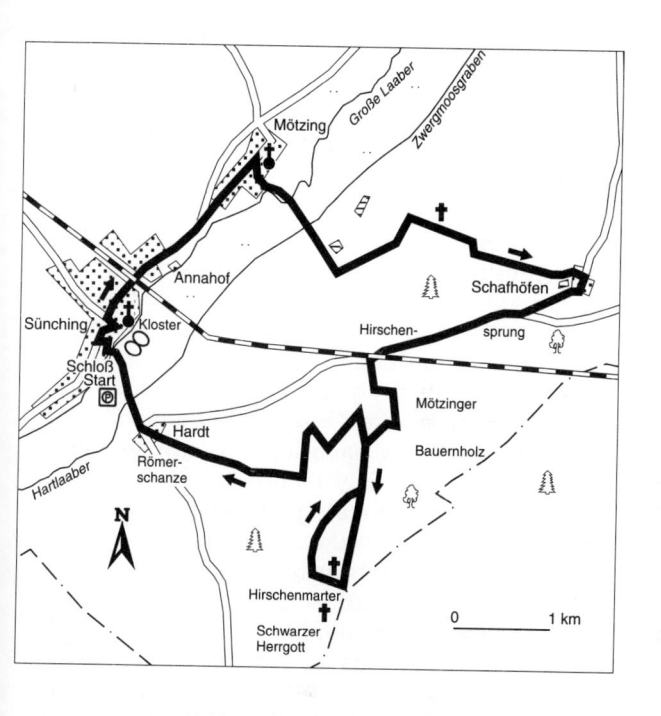

gen. Wir sind in der Kirchstraße. Ein paar Häuser weiter, nach der Backstube, biegen wir rechts ab und wandern auf der Bahnhofstraße zu den Bahngleisen. Hier steht der Gasthof Engelberg. Nach dem Bahnübergang passieren wir den Annahof, eine Ansammlung von Wirtschaftsgebäuden direkt am Ufer der Großen Laaber. Weit reicht der Blick über die Ebene. Bald ist der Ortsbereich von Mötzing erreicht. Wir sind parallel zum Laaberufer gegangen, das spärlich mit Bäumen und Büschen bestanden ist, und gelangen über die Kastnerstraße zur Mötzinger Kirche. Vor dem Gotteshaus schwenken wir rechts zur Laaberbrücke. Danach geht es aufs freie Feld hinaus. Wir kommen zur Brücke des Zwergmoosgrabens und biegen am Ende des Geländes, in dem Sand gebaggert wird und dessen Mulden sich mit Wasser gefüllt haben, links in einen Feldweg. Der Wald auf der rechten Seite trennt die Gemarkung Sünching von der Gemarkung Geiselhöring im Landkreis Straubing-Bogen. Nach einer Wegkreuzung treffen wir auf ein Feldkreuz. Hier bei einer Buschgruppe macht der Weg einen Knick nach links. Beim nächsten Weg halten wir uns rechts, ostwärts, weg. Eine einzelne Birke steht am Wegesrand. Wir steuern auf den Wald zu, überschreiten am Rand eine Grabenbrücke und wandern geradeaus hinein bis zu einer Dreieckkreuzung, wo es erneut geradeaus weitergeht. Auch hier gibt es mit Wasser gefüllte Sandgruben. Nach Verlassen des Waldstücks sehen wir die Schafhöfe vor uns. Am Gut steht eine Kapelle, die dem heiligen Jakobus geweiht ist. Wir bewegen uns durch die Hofanlagen und biegen bei einem Trafohäuschen rechts in den befestigten Weg ein. Noch im Gutsbereich wenden wir uns erneut rechts und kommen über eine Allee in südwestlicher Richtung auf die Ochsenstraße am Rand des Waldstücks, das wir zuvor durchquert haben. Wo der Wald endet, heißt es »Hirschensprung«. Wir folgen der bisherigen Richtung bis zum neuen Bahnübergang, der vom alten Bahnübergang ein paar Meter nach Westen verschoben ist, und schwenken danach links weg. Es geht ein paar Schritte parallel zum Bahndamm, also ostwärts, bis wir rechts zum Waldrand abbiegen können. Nach einem Hochstand führt der Weg links am Rand entlang bis zu einer Bank im Waldwinkel. Hier halten wir uns rechts in den Wald hinein, ins Mötzinger Bauernholz. Vor einem weiteren Hochstand und einer aufgeforsteten Lichtung wenden wir uns nach rechts. Es ist die zweite Rechtsabzweigung nach Waldbeginn. Sie bringt uns zu einer Forststraße, auf der wir links, südwärts, weiterwandern. Der Weg ist mit einem blauen Streifen auf weißem Grund markiert und leitet zu einer großen Mehrfachkreuzung.

Zur Römerschanze

An der Kreuzung ist ein Wegweiser »Schwarzes Kreuz« angebracht. Wir erreichen es nach etwa hundert Metern. Das Kreuz wurde 1991 vom Bayerwaldverein saniert. Es geht dann zurück zur großen Kreuzung, wo wir das Hirschenkreuz finden. Wir halten uns rechts weg, zunächst in westlicher Richtung, folgen dem Zaun, der zu einem militärischen Sicherheitsbereich gehört, und stoßen auf eine Forststraße, auf der wir halblinks weiterwandern. Die Forstwege sind hier neu eingerichtet, so daß die Karteneintragungen nicht mehr stimmen. Bei einer Wegkreuzung halten wir uns geradeaus. Schließlich treffen wir in Waldrandnähe auf den Herweg, gehen aber dann nicht rechts weg, sondern geradeaus zum Wald hinaus. Hier schwenken wir im spitzen Winkel links auf eine Baumreihe auf einer Bodenerhebung zu, die in Nordwest-Südost-Richtung vom Wald her verläuft. Das ist die ehemalige Trasse einer Bahnlinie, die von Geiselhöring nach Sünching geführt hat. Die Trasse wurde aufgelassen und ist mit Bäumen und Büschen bewachsen. Auf ihr halten wir uns ein Stück nach rechts, also nach Nordwesten, und biegen bei nächster Gelegenheit links ab. In nördlicher Richtung erreichen wir einen Waldvorsprung und gehen im rechten Winkel rechts ab über die Wiesenbucht zum jenseitigen Waldrand, dem wir westwärts folgen. Am Hang über der Hartlaaber liegt der Weiler Hardt. Links vor den Häusern findet sich ein Waldstück. Hier ist eine Römerschanze nachgewiesen. Wir machen einen Abstecher in den Wald und stoßen auf das ehemalige Gasthaus »Sommerkeller«. Wieder auf unserem Weg kommen wir zur Siedlung, erreichen bei einem Kinderspielplatz eine Vorfahrtsstraße und halten uns geradeaus drüber. Nach der Brücke der Hartlaaber folgen wir der Allee, die nordwestlich nach Sünching hineinführt. Über die Laaberbrücke kommen wir zurück zum Schloß.

Entfernung: 20 km
Gehzeit: 5 Stunden
Topographische Karte: 1:25.000, Blatt 7140
Fritsch-Wanderkarte »Stadt und Landkreis Regensburg«, Blatt 63

27. Über den Keilberg ins Tiefental

Gemeindezugehörigkeit: Tegernheim

Ausgangsort: Tegernheim

Zufahrt/Lage:

Die Gemeinde Tegernheim schließt unmittelbar östlich an Regensburg an. Man kann von der Bundesstraße 8 vor dem Donauübergang bei Schwabelweis in den Ort abzweigen. Das ist gleichzeitig der Autobahnzubringer zur A 93 beziehungsweise zur A 3, die im Süden verläuft.

Die Altwässer im Donaubogen südlich Tegernheims stehen teilweise unter Landschafts- oder Naturschutz. Im Norden bauen sich Waldhügel auf.

In der Tegernheimer Schlucht treffen Gesteinsschichten aus dem Erdaltertum – die Granitausläufer des Bayerischen Waldes – und aus dem Erdmittelalter – Jura, Lias und Keuper – mit der neuzeitlichen Erde aus dem Schwemmland der Donau aufeinander – eine geologisch höchst interessante Formation.

Verlauf der Wanderung:
Zum Keilberg

Wir beginnen unsere Wanderung an der Kirchenstraße beim Friedhof beziehungsweise beim Gasthaus »Unterer Wirt« gegenüber der Kirche in der Donaustraße. Wir bewegen uns von der Donaustraße also in die Kirchstraße und von dieser in die Ringstraße. Sie führt zum Rathaus. Hier steht auch das Gasthaus Beutl. In nördlicher Richtung kommen wir beim Gasthof Federl-Scheck über eine Vorfahrtsstraße in die Tegernheimer Kellerstraße. Vor uns ragt aus dem Waldhügel der Sendemast am Keilberg, auch »Keitlberg« genannt. Die Straße am Mittelberg schwenkt von rechts in unseren Weg und am Hohen Sand von links. Dann kreuzt der Keilsteiner Hang, der sich im Bergweg fortsetzt. Hier biegen wir rechts ab, also dem Bergweg nach. Einzelne Häuser werden noch passiert. Am Waldrand zweigt ein Weg nach rechts ab. Wir halten uns aber geradeaus und folgen dem Wanderwegzeichen rotes Viereck an einem Graben entlang in nördlicher Richtung. Es geht steil aufwärts, bis wir nach einigen hundert Metern auf der Höhe auf eine breite Forststraße stoßen, und zwar im Winkel einer Waldbucht. Wir wandern nun links weiter und erreichen das Gelände des Senders Keilberg. Hier ist auch ein großer Wanderparkplatz angelegt und ein Abenteuerspielplatz.

Über den Raubberg nach Irlbach

Wir halten uns links, westwärts, und kommen zu einer Wegbiegung, wo ein Gasthof steht. »Zur hohen Linie« heißt der Weg, der nach einem Rechtsknick nordwestwärts leitet. Es ist ein Hangweg, der bald nach links,

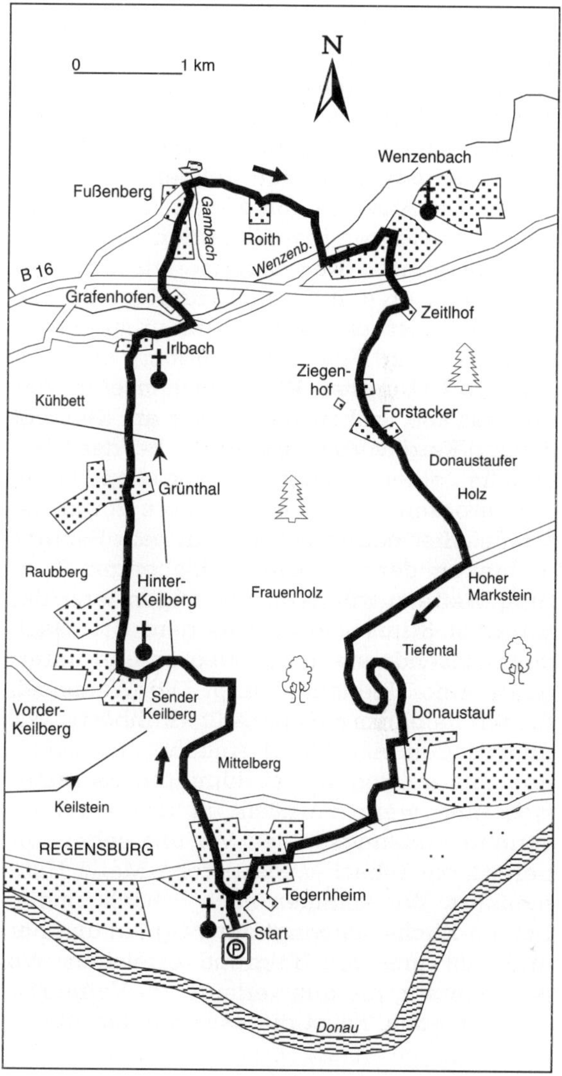
N
0
1 km
Wenzenbach
Fußenberg
Garnbach
Roith
Wenzenb.
B 16
Grafenhofen
Zeitlhof
Irlbach
Ziegen-
hof
Forstacker
Kühbett
Donaustaufer
Holz
Grünthal
Raubberg
Hinter-
Keilberg
Frauenholz
Hoher
Markstein
Tiefental
Sender
Keilberg
Vorder-
Keilberg
Donaustauf
Mittelberg
Keilstein
REGENSBURG
Tegernheim
Start
P
Donau

nach Westen, biegt und auf die Michaelskirche von Keilberg zuführt. An ihr und am Friedhof vorbei stoßen wir auf eine Kreuzung und schwenken rechts in die Alfons-Siegel-Straße. Wir sind auf einem Hangweg, der leicht bergab zieht zur Keilberger Hauptstraße. Die Aussicht von diesem Gratweg ist durch die Häuser, die auf beiden Seiten stehen, begrenzt. Steil steigen wir hinunter und verlassen den Ortsteil von Regensburg. Unser Weg ist teils mit Büschen und Bäumen bestanden und führt vom Raubberg hinunter zum Dorf Grünthal. Wir erreichen eine Vorfahrtsstraße, gehen geradeaus am Gasthof Johann Kargl vorbei und treffen bei der Ortskapelle, einer Kriegergedächtniskapelle im neubarocken Stil, auf eine weitere Vorfahrtsstraße. Hier halten wir uns ein paar Schritte rechts, um dann links in der bisherigen Richtung weiterzuwandern. Wir folgen jetzt der Irlbacher Straße bergab aus dem Ort. Nach dem Ortsende steigt der Weg an und unterquert eine Überlandleitung. Die Waldinsel, die wir halblinks sehen, heißt »Kühbett«. Wir überwinden eine kleine Anhöhe und bewegen uns im Bogen steil hinunter. Es bietet sich eine weite Aussicht in das waldumsäumte Erholungsgebiet. Vor uns sehen wir bereits die Irlbacher Pfarrkirche Mariä Himmelfahrt. Wir kommen nach Irlbach hinein. Bei der Kirche schwingt der Weg hin und her und läßt uns den Talgrund erreichen, wo wir rechts in die querverlaufende Vorfahrtsstraße biegen. Es ist die Bayerwaldstraße.

Durch Wenzenbach in den Forst

Wir wandern am Fuße des Waldhügels, der auf der rechten Seite hochzieht, ostwärts aus Irlbach hinaus. Der Bach fließt links von uns. Wir gehen auf dem Fuß- und Radweg neben dem Fahrweg. Bei nächster Gelegenheit schwenken wir links weg, bewegen uns über die Bachbrücke und kommen in einem weiteren Linksbogen nach Grafenhofen hinein. Im Weiler schlängelt sich der Weg hin und her. Im Rechtsbogen verlassen wir den kleinen Ort, passieren die Überführung der Bundesstraße und erreichen nach wenigen Schritten Fußenberg. Wir sind auf einem Hangweg. Rechts fällt das Land ins Gambachtal ab. Wir stoßen auf eine Vorfahrtsstraße, die uns nach rechts aufnimmt. Links liegt ein Weiher. Bei nächster Gelegenheit biegen wir rechts ab. Es ist nach Roith beschildert. Wir sehen ins Tal des Wenzenbachs und auf den Ort gleichen Namens, der sich im Talboden zwischen Waldhügeln ausbreitet. Am Beginn des Weilers Roith treffen wir erneut auf einen Teich. Wir bewegen uns auf der Lindhofstraße weiter. Dann knickt der Weg rechts, südwärts, ab. Wir folgen nun der Unterlindhofstraße, kommen über die Wenzenbachbrücke und schwenken danach gleich links weg. Nach der ehemaligen Bahnlinie gehen wir rechts in die Pestalozzistraße, passieren eine Trafostation und eine Schule, überqueren die Bundesstraße und wandern dem Schild Richtung Zeitlhof nach. Bei der Wegabzweigung halten wir uns im Rechtsschwenk in das Dorf hinein. Der Weg zieht steil den Berg hoch. Im Rückblick sieht man über das Wenzenbachtal. In einem weiten Wegbogen nach links überwinden wir eine Anhöhe. Wunderschön ist die Aussicht auch von diesem Höhenweg in die Täler und auf die Hügel. Der von Busch- und Baumgruppen gesäumte Weg steigt weiter an. Wir erreichen den Ziegenhof. Bald darauf sind wir bei den Häusern von Forstacker und am Waldrand.

Ins Tiefental und zurück

Wir folgen einer Wiesenbucht auf dem Weg, der »Am Hochbehälter« heißt. Hier endet auch der Anstieg. Am Waldrand geht es nun in südöstlicher Richtung bergab. Beschildert ist »Großer Markstein«. Unser Weiterweg führt auf und ab, dem Zeichen rotes Dreieck nach, bis zu einer Kreuzung am Hohen oder Großen Markstein, wo wir rechts, südwestwärts, wegschwenken. Wir sind auf einem Höhenweg im Donaustaufer Forst und kommen im Frauenholz über eine Kreuzung. Eine Anhöhe wird überwunden. An einer weiteren Kreuzung findet sich eine Gedenktafel für den Waldarbeiter Otto Müller. Es geht geradeaus drüber zu einer Dreieckkreuzung am Hahn- und Föhrenschlag. Hier ist an einem Baum eine Bildtafel angebracht. Wir halten uns links, südwärts, steil hinunter. Ein Hohlweg nimmt uns auf. Bei einer Dreieckkreuzung wandern wir links weg und immer noch steil bergab. Das Wanderwegzeichen ist ein rotes Viereck. Bei der nächsten Wegabzweigung biegen wir erneut links ab und ein drittes Mal links. Der Weg vollzieht also fast eine Runde, macht aber dann einen großen Rechtsbogen und führt steil hinunter ins Tiefental. Im Schluchtbereich schwenkt der Weg nach rechts, wieder nach Süden. Immer noch ist es steil, bis wir den Wald verlassen und außerhalb auf einen querverlaufenden Weg stoßen. Von diesem biegen wir links in die Karlstraße. Die Egelseer Straße nimmt uns nach rechts auf und leitet zur Regensburger Straße, die parallel zur Staatsstraße 2125 verläuft, von Donaustauf kommt und nach Regensburg führt. Nach einigen hundert Metern erreichen wir Tegernheim, schwenken links in die Ringstraße, erneut links in die Kirchstraße und gehen zum Ausgangspunkt zurück.

Entfernung: 20 km
Gehzeit: 5 Stunden
Topographische Karten: 1:25.000, Blatt 6938, 6939
Fritsch-Wanderkarte »Stadt und Landkreis Regensburg«, Blatt 63

28. Durch den Forstmühler Forst zur Frauenzeller Wallfahrt

Gemeindezugehörigkeit: Wiesent
Ausgangsort: Ettersdorf

Zufahrt/Lage:

Dungau, Donaugau hieß das Land, in dem Wiesent als Randgemeinde des Donautales am Zufluß des Wildbachs und am Fuße der Hügel des Forstmühler Forstes liegt. Von Regensburg führt die Staatsstraße 2175 hierher, und direkt bei Wiesent gibt es die Ausfahrt Wörth der Bundesautobahn 3.
Von der Staatsstraße 2125 zweigt bei Wiesent ein Sträßchen in Richtung Ettersdorf ab und es mündet auch westlich wieder in die Staatsstraße, das Aubergl umrundend, einen kleinen Hügel südlich des Bauerndörfchens. Und am südlich dem Dorfkern vorgelagerten Gehöft beginnt auch unsere Wanderung.

Verlauf der Wanderung:
Über den Rauhenberg tief in den Forst

Wir verlassen unseren Standort in westlicher Richtung auf Kruckenberg zu. Nach wenigen Metern schwenken wir rechts, nördlich, auf den Wald zu, wo uns am Rand eine Bank unter zwei mächtigen Kastanienbäumen

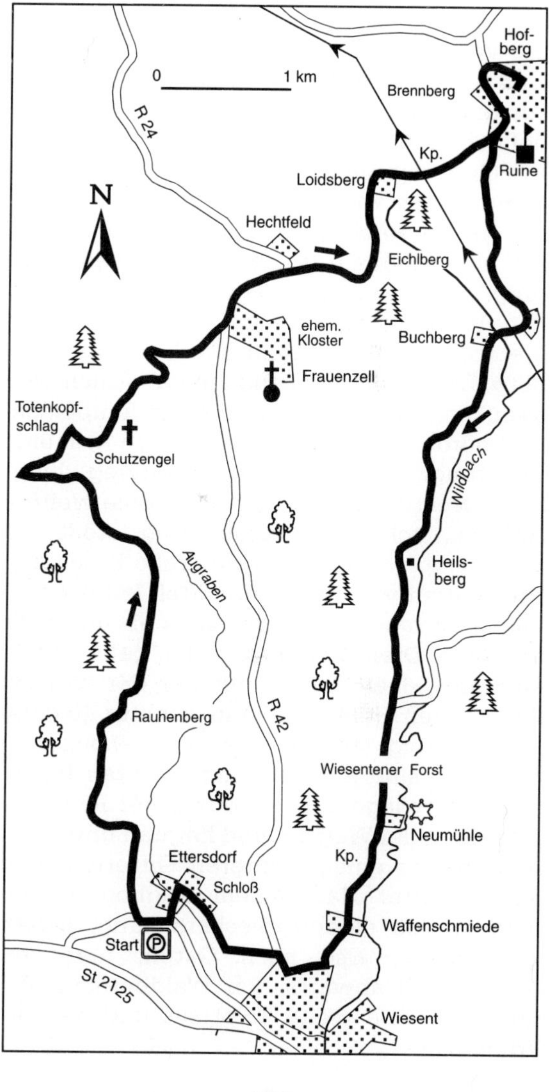
Hof-
berg
0
1 km
Brennberg
R 24
Kp.
Ruine
Loidsberg
N
Hechtfeld
Eichlberg
ehem.
Kloster
Buchberg
Frauenzell
Totenkopf-
schlag
Schutzengel
Wildbach
Heils-
berg
Augraben
R 42
Rauhenberg
Wiesentener Forst
Neumühle
Kp.
Ettersdorf
Schloß
Waffenschmiede
Start
P
St 2125
Wiesent

empfängt. Wir folgen einem Wiesenstreifen. Der Weg entlang dem Tal des Augrabens ist eine Allee mit stattlichen Bäumen. Durch ein Tor und über einen Gitterrost gelangen wir tief in den Forst hinein. Es geht bergauf. Eine Art Gratweg nimmt uns auf. Im Linksbogen wandern wir westwärts aus dem Augrabental. In der Rückschau haben wir noch einmal eine schöne Aussicht in die Donauniederung. Dann biegt der Weg wieder nach Norden. Wir überwinden nach wenigen hundert Metern im buschartigen Wald den Rauhenberg. Links fällt das Land steil ab. Nach einigem Hin und Her, Auf und Ab in hauptsächlich nördlicher Richtung erreichen wir eine Kreuzung. Unser breiter Forstweg biegt links, westwärts, ab, führt über eine weitere Anhöhe, schwenkt zurück und stößt am »Totenkopfschlag« auf eine große Kreuzung. Hier halten wir uns rechts. Steil leitet unser Weg nun hinunter, knickt links ab und trifft auf eine Dreieckkreuzung. Es geht rechts aufwärts. Jetzt haben wir auf der rechten Seite einen Steilabfall. Ein leichter Rechtsbogen bringt uns zum Schlag »Schutzengel«. Wir sind auf dem sogenannten Rittersteig. Vorwiegend in nordöstlicher Richtung schwenkt der Weg hin und her und führt steil hinunter zu einem weiteren Gitterrost und einem Gatter. Nach einem Wegbogen kommen wir zu einer Dreieckkreuzung, halten uns rechts, also nach Osten, und verlassen steil abwärts den Waldbereich. Vor uns liegt eine weite Talschaft und der Ort Frauenzell.

Vom Kloster zur Burg

Malerisch ist hier das Land der Vorberge des Bayerischen Waldes. Eine Höhenstraße leitet uns zu den ersten Häusern von Frauenzell. Hier erreichen wir eine Vorfahrtsstraße, in die wir links einbiegen, um gleich rechts dem Schild »Wallfahrtskirche« zu folgen. Hier befindet sich auch das ehemalige Kloster. Weihbischof Walther segnete 1325 hier eine Kirche zu Ehren der allerheiligsten Dreifaltigkeit und der seligsten Muttergottes Maria. Aus dem Kloster Oberalteich kamen Priester nach Frauenzell. Die Verehrung des Gnadenbildes begann im Dreißigjährigen Krieg. Anfang des 18. Jahrhunderts wurden Kirche und Kloster erneuert. Das Gotteshaus ist nach Plänen der Brüder Asam erbaut. Die großen Deckengemälde schuf der Asam-Schüler Otto Gebhard. Der Stuck in der Kirche ist Wessobrunner Arbeit. Bei der Wallfahrtsstätte lädt auch ein Gasthaus zur Einkehr. Nach unserer Umschau wandern wir zurück zur Vorfahrtsstraße, die eine Umgehungsstraße um den Ort bildet, und halten uns in Richtung Brennberg. Eine Anhöhe wird überwunden. Dann geht es steil bergab zu einer Kreuzung in einer Talmulde. Geradeaus drüber erreichen wir den Eichlberg und ein Waldstück. Hier macht der Weg einen strarken Linksbogen, verläuft in nördlicher Richtung weiter und verläßt den Wald. Wir kommen zu den Häusern von Loidsberg. Im Blickfeld liegt bereits der Ort Brennberg mit Burg und Kirche am Hofberg. Im Weiler schwenkt der Weg nach

Osten. Danach folgt ein leichter Linksbogen unter einer Überlandleitung hindurch zu einer Wegkapelle und schließlich zum Ortsschild von Brennberg. Bei der Gaststätte Wagner gehen wir in den Ort hinein und machen vom nördlichen Ortsende einen Abstecher zum Burgberg. Der Hofbergweg führt uns hinauf. Vom Burggelände haben wir einen großartigen Ausblick auf das Umland vor allem im Süden. Teile der Anlage sind wieder aufgebaut. Das ehemalige Burginnere ist mit dicken Bäumen bestanden. Wir wandern auf dem Fußweg hinunter in den Ort zurück und halten uns links, südwärts, bis zu einer Wegabzweigung, wo wir dem Wegweiser nach Buchberg folgen.

Über Heilsberg ins Wildbachtal

Wir bewegen uns auf einem wunderschönen Hangweg. Links fällt das Land steil in ein gewaltiges Tal ab. Bänke sind am Wegrand aufgestellt. Zwischen Wiesen, Baum- und Buschreihen geht es leicht abwärts. Die Aussicht ist großartig. Dann wird der Weg steiler, bis wir in einen Einschnitt zwischen zwei Hügeln kommen. Wir sind jetzt im Wald, wandern bergab und verlassen den Hügelbereich. Rechts fällt das Land in ein steiles Tal ab. Hinter dem Wald steigen wir dem Talgrund zu, ein Weiher ist hier, und beim Gehöft Heilsberg schwingt der Weg hinunter zum Teichrand. Unter einer alten Linde steht eine Wegkapelle. Ein weiterer Weiher liegt am Weg. Auf einer Art Grat steuern wir immer noch bergab dem Wald zu. Der Weg verzweigt. Wir gehen in den Hohlweg hinunter und sind im dichten Mischwald bereits im Wildbachgrund. Eine atemberaubende Schlucht hat sich hier gebildet. Beiderseits steigen steile Wände hoch. Von rechts mündet ein Weg ein, der von Frauenzell kommt. Wir folgen dem Bachlauf. Im Talgrund sind Fischweiher zu finden und kleine Koppeln. Immer noch fällt der Weg ab. Der Talboden weitet sich, und aus dem Bächlein wird ein stattliches Gewässer. Unser Weg verläuft nun am Talhang. Von links mündet ein befestigter Weg ein. Wir bleiben am Talrand, passieren vereinzelte Gehöfte, die Neumühle und bei der Waffenschmiede das Ortsschild von Wiesent. Nach einem Wiesenstück kommen wir in den Hauptort hinein, schwenken rechts in die Lintelohstraße und halten uns am Ende der Straße ein Stück rechts hoch, um dann links abzubiegen. Das Dorf verlassen wir nach rechts in Richtung Frauenzell. Dann gehen wir links weg. Eine querverlaufende Straße nimmt uns nach rechts auf und führt zurück nach Ettersdorf. Im Linksschwenk erreichen wir das südliche Ortsende und unseren Ausgangspunkt.

Entfernung: 24 km
Gehzeit: 6 Stunden
Topographische Karte: 1:25.000, Blatt 6940
Fritsch-Wanderkarte »Stadt und Landkreis Regensburg«, Blatt 63

29. Vom Schloß durchs Perlbachtal

Gemeindezugehörigkeit:
Wörth a. d. Donau

Ausgangsort: Wörth a. d. Donau

Zufahrt/Lage:

Wörth liegt am nördlichen Rand der Donauebene zwischen Waldhügeln, den Ausläufern des Bayerischen Waldes. Die Bundesautobahn 3 Regensburg–Straubing führt vorbei. Parallel verläuft von Regensburg her am Rande der Hügel eine gut ausgebaute Fahrstraße.

Der dominierende Punkt der Stadt an der Donau ist das Schloß auf einem separaten Hügel. Aber nicht nur das Schloß, auch die kleine Stadt zu seinen Füßen ist sehenswert. Vor allen Dingen in der Schloßstraße stehen einige beachtenswerte ältere Gebäude.

Verlauf der Wanderung:
Am Perlbach entlang.

Bei der Peterskirche gibt es Parkplätze. Hier ist auch ein guter Startplatz für unsere Wanderung. Wir halten uns von der Regensburger Straße, die in den Ort hineinführt, erst rechts, dann links in Richtung Maibaum und vor dem Maibaum schwenken wir nochmals rechts in Richtung Hallenbad. Auch der Weg zum Schloß ist hier beschildert. Wir sind in

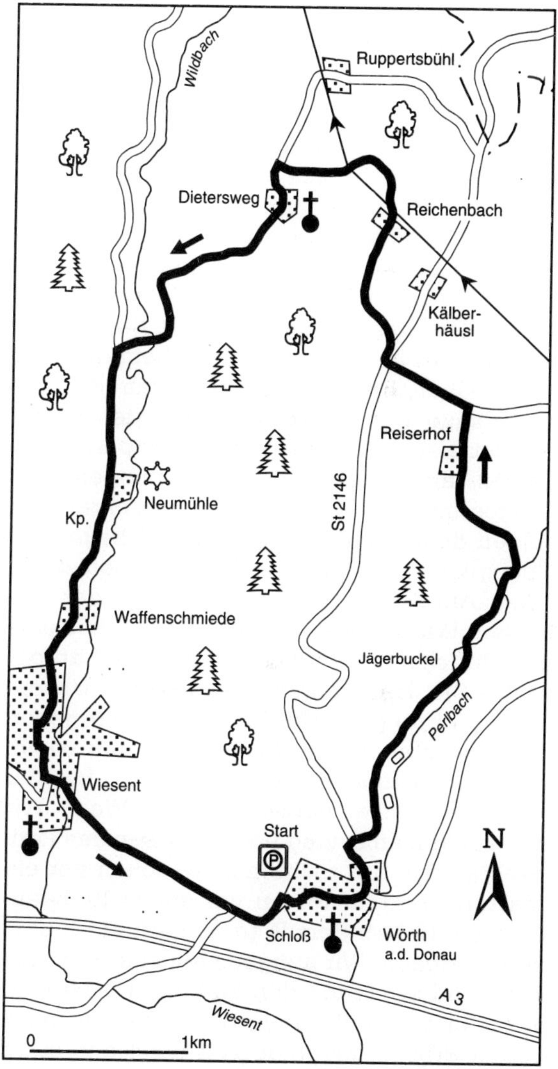
Wildbach
Ruppertsbühl
Dietersweg
Reichenbach
Kälber-
häusl
Reiserhof
St 2146
Neumühle
Kp.
Waffenschmiede
Jägerbuckel
Perlbach
Wiesent
Start
P
N
Schloß
Wörth
a.d. Donau
A 3
Wiesent
0
1km

der Ludwigstraße und biegen rechts in die Taxisstraße. Der Petersplatz wird erreicht. Nun gehen wir rechts den Wegweisern zum Schloß nach und rechts den Schloßberg hoch. Durch das vordere Tor gelangen wir über eine Holzbrücke, die früher eine Zugbrücke war, in den inneren Schloßbereich. Vom Schloß aus hat man eine großartige Aussicht ins Donautal. Der Weiterweg leitet den Schloßberg hinunter und zurück zum Petersplatz. Von hier stoßen wir in die Bayerwaldstraße. Auf der rechten Seite befindet sich ein Weiher. Bei der Ampel halten wir uns geradeaus und schwenken aus der Bayerwaldstraße beim Wegweiser »Sportplatz« rechts ab. Nach einem Linksbogen des Weges sind wir bereits im Perlbachtal. Wir folgen dem Bachlauf. Im Talgrund liegen die Sportplätze. Danach endet der befestigte Weg. Am Jägerbuckel verengt sich der Talboden. Wir kommen das erste Mal über eine Bachbrücke. Bänke sind am Wegrand aufgestellt. Die Waldhänge rücken näher. Unsere Hauptrichtung ist Nordnordost. Dann gehen wir über eine zweite Bachbrücke und wechseln ein drittes Mal die Bachseite. Bei der vierten Brücke verzweigt der Weg. Wir schwenken links weg und verlassen das Perlbachtal. Auf der rechten Seite sehen wir ein Marterl. Bergauf folgen wir einem Radwanderweg. Neben dem Weg verläuft ein Zufluß zum Perlbach. Wir steigen steil eine Schlucht hoch und erreichen den Waldrand. Hier sind wir in einem weiträumig von Wald umschlossenen Erholungsgebiet. Auf der Höhe steht der Reiserhof. Links unseres Weges fällt das Land steil in eine Talmulde. Rechts haben wir eine weite Aussicht auf die Waldhügel und in die abwechslungsreich gestaltete Landschaft. Nach dem Reiserhof bewegen wir uns auf einer Hangstraße, bis uns ein querverlaufender Vorfahrtsweg aufnimmt. Es geht links, nordwestwärts, über eine Anhöhe und hier rechts in eine Querstraße, jetzt in nordöstlicher Richtung. Man sieht weit in die Talschaften.

Ins Wildbachtal

Ein Waldstück wird passiert. Nach einer weiteren Waldinsel auf der rechten Seite biegen wir nach dem Gehöft Kälberhäusl links ab und folgen dem Schild »Reichenbach«. Auch hier hat man eine weite Aussicht über das Land. Es geht steiler hinab in einen Talboden. Einige Gehöfte liegen am Wegesrand. Eine Überlandleitung wird unterquert. Wo der Weg verzweigt, halten wir uns links, nochmals steiler, auf ein Waldstück zu. Hier an der tiefsten Stelle zieht das Tal quer hoch. Nach einem Linksbogen des Weges wandern wir wieder bergauf, kommen von den Bäumen weg und erneut unter der Überlandleitung hindurch. In westlicher Richtung stoßen wir auf eine querverlaufende Vorfahrtsstraße und gehen links nach Dietersweg. Im Dorf passieren wir die Gaststätte Schindler und die kleine Ortskirche aus dem Jahre 1896. Bergab verlassen wir das Dorf in südlicher Richtung. Von hier aus haben wir sogar Ausblicke ins Donautal. Unser Weg schwingt hin und her und leitet ins Wildbachtal hinab. Steil geht es südwärts an einem Steilabfall zwischen Bäumen den Hang hinunter.

Über Wiesent zurück

Nach einem Rechtsbogen noch im Wald kommen wir über die Wildbachbrücke und folgen in südlicher Richtung dem westlichen Talrand. Nach ein paar hundert Metern sehen wir die Neumühle. Die Wegkapelle hier hat ein Altärchen aus der zweiten Hälfte des 18. Jahrhunderts. Danach werden die Talhänge sanfter. Wir erreichen das Dorf Waffenschmiede und alsbald die ersten Häuser von Wiesent. Hier halten wir uns links in eine Vorfahrtsstraße und wandern auf die Kirche Mariä Himmelfahrt zu. Nach ein paar Schritten gelangen wir dann zum Schloß, einem langgestreckten Bau mit Ecktürmen. Die Anlage stammt bis auf den 1762 angebauten Ostflügel aus dem Jahre 1695. Gegenüber dem Schloß findet sich ein großer Platz mit Bäumen und Bänken. Wir kommen zur Wildbachbrücke und bewundern hier die Statue des heiligen Johann von Nepomuk aus der Zeit um 1760. Dann gehen wir jenseits der Brücke ein Stück am Bach weiter, verlassen den Bachbereich noch innerhalb von Wiesent und bewegen uns auf dem Fußweg am Waldhang in südöstlicher Richtung am Rande der Donauniederung entlang. Nach ein paar hundert Metern wird Wörth erreicht. Am Ortseingang steht ein Denkmal mit dem bayerischen Löwen. Im Linksbogen halten wir uns bergauf zur Kirche zurück.

Entfernung: 16 km
Gehzeit: 4 Stunden
Topographische Karte: 1:25.000, Blatt 6940
Fritsch-Wanderkarte »Stadt und Landkreis Regensburg«, Blatt 63
Fritsch-Umgebungskarte »Wörth«, Blatt 142

30. Durchs Ödenthal zum Wenzenbach

Gemeindezugehörigkeit: Zeitlarn
Ausgangsort: Zeitlarn

Zufahrt/Lage:

Von Regensburg führt die Bundesstraße 15 parallel zum Lauf des Regenflusses nordwärts und erreicht bereits nach wenigen Kilometern Zeitlarn. Jenseits des Flußufers zieht die Autobahntrasse A 93 in Richtung Weiden.

Das Dorf Zeitlarn schmiegt sich an einen bewaldeten Hügelstreifen am linken Ufer des Regen in eine Landschaft, die von sanften Höhen geprägt ist. Von Süden her reicht die Besiedlung der Stadt Regensburg bis an den Ortsbereich heran. Hier wurde auch weiträumig der Wald gerodet. Ausgedehntere Wälder gibt es im Westen jenseits des Flusses und im Nordosten der Gemeinde.

Verlauf der Wanderung:
Durchs Ödenthal

Beim Gasthof Götzfried oder bei den Parkplätzen des Supermarktes beginnen wir unsere Wanderung, gehen südwestwärts, lassen die Kirche St. Bartholomäus, eine neuromanische Basilika, rechts liegen und halten uns südwärts aus dem Ort. Nach einem Hotel schwenken wir links weg in Richtung

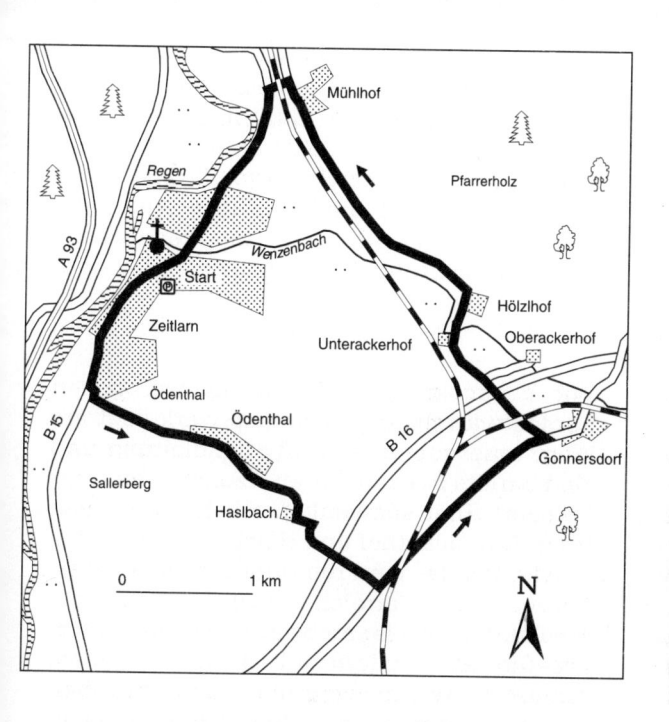

Ödenthal. Unser Weg ist von Ahornbäumen gesäumt. Wir kommen zu den ersten Häusern, die zu Ödenthal gehören. Hier teilt sich der Weg. Wir gehen rechts weiter, lassen also die Häusergruppe links liegen. Auf der rechten Seite unseres Weges dehnen sich Felder aus. In leichtem Anstieg wandern wir den Sallerberg hoch. Der Gipfel ragt etwa 60 Meter über das Tal. Wir stoßen auf eine große Siebdruckerei, mit der ein ausgedehntes Industriegelände im Bereich der Bahnlinie und der Bundesstraße 16 beginnt. Dementsprechend gut ausgebaut sind auch die Wege. Durch den Regensburger Ortsteil Haslbach treffen wir auf eine Vorfahrtsstraße, die uns nach rechts aufnimmt und im Linksbogen auf der Coburger Straße unter der Bundesstraße hindurchführt. Am Ende biegen wir links in eine querverlaufende Straße in Richtung Gonnersdorf.

Zum Mühlhof

Wir kommen über die Bahngleise, gehen nordostwärts, ein großes Sägewerk liegt am Weg, unterqueren eine Überlandleitung und sind bereits bei den ersten Häusern von Gonnersdorf. Hier schwenken wir links in Richtung Unterackerhof und Hölzlhof in die Hölzlstraße. Wieder wird die Bundesstraße unterquert. Danach erreichen wir eine Dreieckkreuzung. Wir biegen aber nicht zum Oberackerhof ab, sondern halten uns auf einem schmalen Weg in Richtung Bahngleise weiter und kommen zum Unterackerhof. Beim Gehöft verzweigt der Weg. Wir wandern rechts zum Hölzlhof. Dabei passieren wir eine Brücke über den Wenzenbach, der bei Zeitlarn dem Regen zufließt. Der Bachlauf begleitet uns bis zum Hölzlhof. Vor dem Gehöft schwenken wir links, vorbei an der Hofkapelle, ins freie Feld. Wir sind in nordwestlicher Richtung unterwegs und bleiben in Bachnähe. Die Baumreihe, die von rechts an unseren Weg stößt, gehört zum Pfarrholz. Nach einer leichten Anhöhe bewegen wir uns neben der Bahnlinie entlang. Einen

Bahnübergang, der durch eine Schranke versperrt ist, beachten wir nicht. Wir bewegen uns bis zu den Häusern von Mühlhof an den Bahngleisen entlang. Kurz davor biegt der Weg etwas nach rechts ab. Bei den Häusern wenden wir uns links in einen Fahrweg. Eine Vorfahrtsstraße nimmt uns nach links auf. Auf der Bundesstraße 15 kommen wir durch die Bahnunterführung, folgen dem Fußweg parallel zum Regenufer, durchqueren eine Siedlung und erreichen über die Brücke des Wenzenbachs den Kernort Zeitlarn, unseren Ausgangspunkt.

Entfernung: 12 km
Gehzeit: 3 Stunden
Topographische Karte: 1:25.000, Blatt 6938
Fritsch-Wanderkarte »Stadt und Landkreis Regensburg«, Blatt 63

Regensburg

Ein Spaziergang auf den Spuren der Stadtgeschichte

Zufahrt/Lage:

Regensburg befindet sich sozusagen im Herzen des Landkreises, am Knotenpunkt sämtlicher Verkehrsanbindungen. Die Stadt ist eine Gründung der Römer, die die hervorragende Lage am nördlichsten Punkt der Donau, Europas einziger Wasserstraße in Ost-West-Richtung, erkannten.

Nach Abzug der römischen Besatzung zu Beginn des 5. Jahrhunderts blieb ein Teil der Zivilbevölkerung am Ort. Mitte des 6. Jahrhunderts machten die bayerischen Agilolfinger Regensburg zur herzoglichen Residenz und zur ersten bayerischen Hauptstadt. Karl der Große setzte 788 den Bayernherzog Tassilo III. ab und gliederte Bayern in das Frankenreich ein, Regensburg aber wurde zur Königspfalz erhoben. 911, nach dem Tode des letzten ostfränkischen Karolingerkönigs Ludwig das Kind, hörte Regensburg auf. Residenz von Königen und Kaisern zu sein, bis die Bürger 1245 von Kaiser Friedrich II. von Hohenstaufen ein Selbstverwaltungsrecht erwirkten, also den Status der freien Reichsstadt.

Das Fürstenhaus von Thurn und Taxis ist eng mit Regensburg verbunden. Es stellte ab 1748 den Prinzipalkommissar beim immerwährenden Reichstag, fungierte also als

Stellvertreter des Kaisers. Noch heute ist Regensburg Sitz des Fürstenhauses. Unsere Wanderung durch das historische Regensburg beginnt beim fürstlichen Schloß.

Verlauf der Wanderung:
Vom St.-Peters-Weg zum Alten Kornmarkt

Die Fürsten von Thurn und Taxis bauten im Laufe des 19. Jahrhunderts das ehemalige Kloster St. Emmeram zur heutigen Schloßanlage aus.

Wir spazieren von der ehemaligen Abteikirche St. Emmeram und vom Schloß, das teilweise besichtigt werden kann, auf dem St.-Peters-Weg ostwärts an den Schloßmauern entlang bis zur Abzweigung in die Fröhliche-Türken-Straße. An der Einmündung stand das Peterstor. Im Straßenverlauf können wir ein Jugendstilhaus bewundern, Haus Nr. 6, bei Haus Nr. 12 das Tor zum Jesuitenplatz aus dem Jahre 1687. Zwei Häuser weiter gibt es ein Reststück der Römermauer aus dem Jahre 179 n. Chr. Wir biegen dann rechts ab in die Königsstraße, um gleich links »Am Brixener Hof« abzuschwenken. Der ehemalige Brixener Hof befand sich in einem Gebäude aus dem 11. Jahrhundert, das spätgotisch umgebaut wurde. Auch in dieser Straße gibt es ein Jugendstilhaus, Haus Nr. 11. Am Ende dieses Straßenzuges stoßen wir auf die Ecke Schwarze-Bären-Straße/Kapellengasse. Hier stehen ein romanisches Turmhaus aus der ersten Hälfte des 12. Jahrhunderts und ein spätgotisches Eckhaus mit Fachwerk. Es ist die Dechantei der Alten Kapelle, der Basilika Unserer Lieben Frau zur Alten Kapelle an der Südseite des Alten Kornmarktes, den wir jetzt erreichen. Sie hat seit über tausend Jahren diesen Namen, was auf ihre alte Funktion als Pfalzkapelle deutet. Der heutige Bau ist ein romanisches Langhaus mit einem gotischen Hochchor. Am Alten Kornmarkt sind wir im Zentrum der alten Pfalzanlage. Bauten des ehemaligen wittelsbachischen Herzoghofes flankieren ihn, und sie stehen unweit der Stelle, an der schon die Agilolfinger innerhalb der römischen Mauern ihre Pfalz errichtet hatten. An der nordwestlichen Ecke steht der Römerturm und im Westen der Saalbau des bayerischen Herzoghofes mit dem unter Ludwig dem Kelheimer errichteten romanischen Saal.

Im Banne der Steinernen Brücke

Unseren Spaziergang setzen wir in nördlicher Richtung in die Niedermünstergasse fort. Hier stehen das bischöfliche Palais, es war einst Stiftsgebäude von Niedermünster, und die ehemalige Stiftskirche Niedermünster, eine romanische Pfeilerbasilika aus dem 12. Jahrhundert. Der heutige Pfarrhof ist das ehemalige Kanzlerhaus von Niedermünster. Gegenüber dem Niedermünster beginnt der Domgarten. Hier befinden sich auch die Hochschule des Bischöflichen Ordinariats und die Bischöfliche Finanzkammer. Unser Weiterweg führt bergab durch die Lindner-

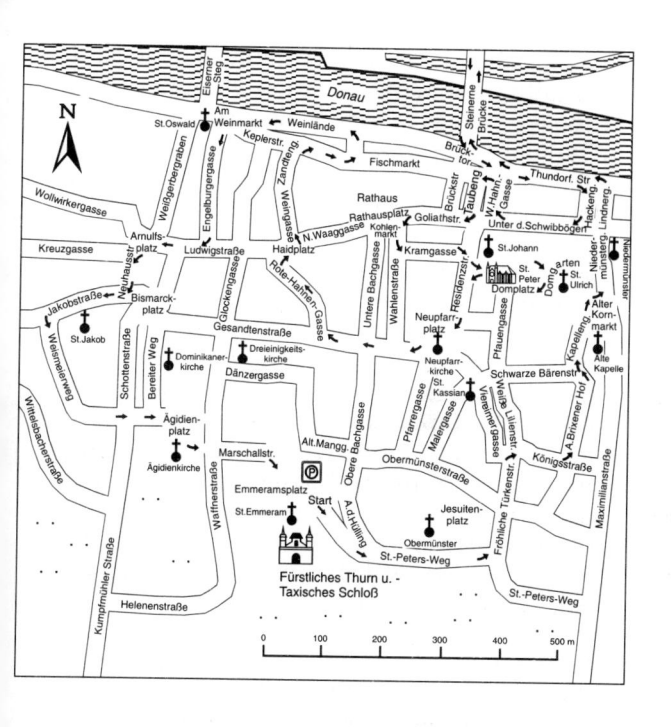

gasse. Dabei passieren wir die Straße »Unter den Schwibbögen«, wo das Gasthaus zum Walfisch steht, das schon im 16. Jahrhundert erwähnt wurde. Wir streben auf der Lindnergasse weiter der Donau zu und erreichen sie bei der Thundorfer Straße. Interessant ist hier die zur Donau hingewendete Häuserfront des Spätmittelalters, wenn wir am Kai entlangspazieren oder auf einer der Bänke rasten und dem bewegten Verkehr auf dem Fluß zuschauen. Wir wenden uns westwärts zur Steinernen Brücke und passieren zunächst die historische Wurstküche. Sie ist an ein übriggebliebenes Stück Stadtmauer angebaut und war wahrscheinlich schon eine Garküche, als man im 12. Jahrhundert die Steinerne Brücke baute. Urkundlich belegt ist sie jedoch erst ab 1615, als der Vorgängerbau dem Regensburger Salzstadel weichen mußte. Dahinter fällt die Steinerne Brücke ins Auge, ein Meisterwerk der mittelalterlichen Ingenieurbaukunst und ein Zeichen dafür, wie wohlhabend die Regensburger Kaufleute im Mittelalter waren. In den Jahren 1135 bis 1146 erbaut, überspannt sie mit insgesamt 16 Bögen den Fluß. Einst gab es drei Brückentürme. Erhalten geblieben ist nur das Brücktor. An seiner Nordfassade sehen wir die Kopie einer Königsfigur mit Falke, wahrscheinlich eine Darstellung Kaiser Friedrichs II., der 1245 Regensburg die Reichsfreiheit gewährte. Neben dieser Darstellung finden wir Kopien von Plastiken Philipps von Schwaben und seiner Gattin Irene von Griechenland, die 1207 der Reichsstadt die Grundlagen ihrer Freiheitsrechte verliehen hatten. Im Scheitel der Steinernen Brücke ist das Brückenmännchen errichtet, Symbol der städtischen Freiheitsrechte und der Emanzipation aus der Vormundschaft des Bischofs im Jahre 1446. Von dieser Stelle aus bietet sich der schönste Blick auf die Stadt mit dem Dom und nach Norden auf den Dreifaltigkeitsberg mit der darunterliegenden Stadtamhof, die noch bis 1924 eine selbständige bayerische Stadt war. Am nördlichen Ende der Brücke befindet sich der

Brückenbasar. Er gilt als Symbol für den Verlust der Selbstverwaltungsrechte im Jahre 1810 und wurde damals anstelle der ehemaligen Befestigungsanlagen um den Schwarzen Turm errichtet. Wir wandern auf der Brücke zurück zur Altstadt, zunächst zur Brückstraße, einem Straßenzug des 12. Jahrhunderts, dann links auf der Thundorfer Straße weiter, wo wir rechts über das Hackengäßchen wieder zum historischen Stadtkern kommen.

Rathaus am Dom

Aus dem Hackengäßchen schwenken wir rechts in die Straße »Unter den Schwibbögen« und biegen erneut rechts in die Weiße-Hahnen-Gasse ein. Hier in Haus Nr. 2 hat August Bebel gearbeitet. Die Weiße-Lamm-Gasse nimmt uns nach links auf und nochmals links durchqueren wir das Taubengäßchen zur Goliathstraße. Hier steht das sogenannte Goliathhaus. Ein großes Wandgemälde »David und Goliath« aus den Jahren 1570/80 ist an dem Patrizierhaus mit dem frühgotischen Turm angebracht. Die Goliathstraße führt uns zum Kohlenmarkt. Das ist der eigentliche Markt der Stadt mit dem Rathaus. Der Bau des Alten Rathauses geht auf das 13. Jahrhundert zurück. Ältester Teil ist die ehemalige Patrizierburg mit dem Rathausturm. Im anschließenden Reichssaalgebäude wurde der immerwährende Reichstag abgehalten.

Vom Rathausplatz halten wir uns in die Wahlenstraße und spazieren durch die Kramgasse zum Domplatz.

Der Dom St. Peter beherrscht das Bild des Platzes. Vom romanischen Vorgänger des gotischen Domes ist noch der sogenannte Eselsturm erhalten. Romanische Teile können auch in der Bischofsgrablege besichtigt werden. Der Domneubau wurde in der zweiten Hälfte des 13. Jahrhunderts begonnen. Die Westfassade stammt aus dem 15. Jahrhundert und war in der Hauptsache ein Werk von Baumeistern der Familie Roritzer. Man kann aufgrund der langen Bauzeit den Wandel der Baustile erkennen. Die Spitztürme des Domes sind erst auf Initiative König Ludwigs I. von Bayern in den Jahren 1859 bis 1869 aufgesetzt worden. Begonnen hat man den Dombau in Kalkstein, später in Grünsandstein fortgesetzt und heute noch wird weitergebaut. Im Innern sind die farbenprächtigen Glasfenster zu bewundern, aber auch die Pfeilerfiguren. Neben dem Dom steht die Dompfarrkirche St. Ulrich, ein schlichter Bau, der im Stil Übergänge von der Romanik zur Gotik zeigt.

So zeitaufwendig die Besichtigung des Domplatzes mit all den Sehenswürdigkeiten ist, so lohnend ist ein Abstecher zum Domgarten. Hier finden sich der ehemalige Domfriedhof anstelle des romanischen Vorgängerdoms, das Domkapitelhaus aus der Zeit um 1300 und das Dommesnerhaus, ein gotischer Giebelbau mit romanischer Bausubstanz aus dem 12. Jahrhundert. Nahebei liegen die Gebäude des Bischofshofes, eine Residenz, die möglicherweise auf die ersten Regensburger Bischöfe zurückgeht. Auf die Straße »Unter den Schwibbögen« zu steht die Porta Praetoria, das Nordtor der ehemaligen Nordmauer des römischen Lagers Castra Regina, und der westliche von ursprünglich zwei Torbögen sowie der östliche Flankenturm. Auch die weiteren Reste der einstigen Befestigung beeindrucken.

Neupfarr- und Haidplatz

Nachdem wir am Südwestrand des Domplatzes die Maria-Läng-Kapelle besichtigt haben, bewegen wir uns auf der Residenzstraße weiter und kommen zum Neupfarrplatz. Mitten auf diesem Platz steht die Neupfarrkirche, an deren Stelle sich im Mittelalter das jüdische Ghetto befand. Die Kirche entstand als erstes protestantisches Gotteshaus der Stadt.

Wir halten uns westwärts in die Gesandtenstraße. Hier steht das sogenannte Zanthaus, ein frühgotischer Hauskomplex mit zwei Türmen und seit 1812 Tabakfabrik der Gebrüder Bernhard. Danach gehen wir rechts in die Rote-Hahnen-Gasse. Vor allem im 17. Jahrhundert wurden zahlreiche Straßen der Stadt nach Gasthäusern benannt. Das trifft auch auf die Rote-Hahnen-Gasse zu. Haus Nr. 10 ist das Gasthaus zum Roten Hahn, in der Substanz ein frühgotisches Haus. Die Gasse bringt uns zum Haidplatz. Das ist einer der ältesten Plätze der Stadt, die nicht überbaut wurden. Hier gab es im Spätmittelalter Märkte. Früher hieß der Platz »An der Heid«. Haus Nr. 8 ist das Thon-Dittmer-Palais. Es besteht aus zwei mittelalterlichen Patrizierhäusern. Hier gibt es auch eine gotische Sigismundkapelle aus der Zeit um 1380. Bewundern können wir am Platz ebenfalls den Justitiabrunnen aus dem Jahre 1656.

Über den Bismarckplatz zurück

Vom Haidplatz nimmt uns nach Norden zu die Weingasse auf und im Anschluß die Zandtengasse. Hier finden wir den »Blauen Hecht«, einst Geschlechterburg mit gotischem Turm, Hauskapelle sowie Wohntrakt und seit dem 16. Jahrhundert Wirtshaus zum Blauen Hecht. Der Weinstadel gegenüber, ein Renaissancebau, 1527 unter Albrecht Altdorfer errichtet, ist so sehenswert wie der ganze Straßenzug. Von hier aus biegen wir in die Keplerstraße ab. Dort stehen das Runtinger-Haus, eine mittelalterliche Hausburg und das Feinschmeckerrestaurant Gänsbauer mit einem romantischen Innenhof. Der Fischmarkt ist unser nächstes Ziel. Er beeindruckt mit einer Fülle historischer Fassaden von großer städtebaulicher Bedeutung. Anschließend kommen wir nordwärts zur Weinlände an der Donau. Am Weinmarkt, den wir, uns links haltend, erreichen, gibt es einen Fußgängerübergang über die Donau, den sogenannten Eisernen Steg. Von hier schwenken wir südwärts in die Engelburgergasse. Diese gekrümmte Gasse wird von Häusern verschiedener Fassadentypen und unterschiedlicher Größe mit vorwiegend romanischem und gotischem Bestand geprägt. Hier stehen der spätromanische St.-Oswald-Hausdom, ein weiteres Turmhaus aus der Zeit um 1150, das barock umgebaut wurde, der im Kern romanische »Graue Hirsch«, ein Gasthaus, die ehemalige Pillenhofer Herberge, seit 1265 Klosterhof, die Rosen'sche Behausung, ein gotischer Giebelbau, und andere städtebauliche Sehenswürdigkeiten. Wir treffen auf die Ludwigstraße und gehen rechts weiter zum Arnulfplatz. Das ist eine rechteckige Platzanlage mit dem ehemaligen Ruozanburgtor aus dem 10. Jahrhundert. Hier gibt es Giebelhäuser der Spätgotik und der Renaissance. Unser nächstes Ziel ist der Bismarckplatz, den wir über die Neuhausstraße erreichen. Der Bismarckplatz ist eine weitläufige Platzanlage mit klassizistischen Fassaden. Hier finden sich das Präsidialgebäude und das Stadttheater. Das Präsidialpalais ließ Fürstprimas Carl von Dalberg 1805 für den französischen Gesandten beim Reichstag bauen. Auch der Bau des Stadttheaters wurde 1803 von Dalberg veranlaßt. Der Neubau brannte 1851 ab, und auf Initiative des Bürgertums wurde das Theater nach ursprünglichen Entwürfen wiedererrichtet. Nun nimmt uns die Jakobstraße auf. Wir passieren die Jakobskirche und können auf den Bänken im Schatten der alten Bäume vor der Kirche rasten. Das Gotteshaus war einst Klosterkirche der Iroschotten. Vom Jakobstor stehen noch zwei halbrunde Flankierungstürme. Sie sind im Rahmen der westlichen Stadtbefestigung um 1300 entstanden. Wir gehen auf dem Wiesmeierweg weiter, überqueren die Schottenstraße und kommen zum Ägidienplatz. An diesem quadratischen Platz gibt es Profan- und Sakralbauten verschiedener Epochen. Hier stehen die Deutschordenskirche St. Ägidius und die alte Komturei, ein Teil des ehemaligen Dominikanerklosters, eine fünfgeschossige Sternwarte mit Kuppeldach und ein Gebäude, errichtet von Albert von Thurn und Taxis in den Jahren 1922/23 anstelle des Fürst-Thurn-und-Taxischen Ballhauses und Hoftheaters. Noch einmal drängen sich die Sehenswürdigkeiten in der Marschallstraße, die wir vom Ägidienplatz aus erreichen. Im Haus der ehemaligen Neuen Deutschordenskommende ist die Regierung der Oberpfalz untergebracht. Schließlich kommen wir zum Emmeramsplatz und zurück zu unserem Ausgangspunkt.

Karte: jeweils neuester Stadtplan

NOTIZEN

Mit knapp 1400 Quadratkilometern ist der Landkreis Regensburg der neuntgrößte Bayerns und gehört mit etwa 150 000 Einwohnern zu den bevölkerungsreichsten des Freistaates. Er ist Teil des Regierungsbezirks Oberpfalz und schließt die kreisfreie Stadt Regensburg ein.

Im Westen des Landkreises verläuft der fränkische Jura mit kargen Böden. Ihm schließt sich südlich von Regensburg der Gäuboden, die Kornkammer Bayerns, an. Im Osten erstrecken sich die Ausläufer des Bayerischen Waldes.

Ein Teil des Gebietes gehört zum Naturpark Vorderer Bayerischer Wald. Dieses Gebiet, das den Nordosten des Landkreises einschließt, ist dicht bewaldet. Die Bewaldung nimmt nach Westen zu ab und wird im Süden, im Bereich des Gäubodens, spärlich.

Bahnlinien gibt es nur mehr zwei: eine Verbindung nach München und eine Verbindung von Landshut über Regensburg nach Weiden. Dagegen ist das Straßennetz hervorragend ausgebaut. Die Autobahntrassen A 3 und A 93 kreuzen sich bei Regensburg, ebenso die Bundesstraßen 8 und 15 sowie 16. Das Staats- und Kreisstraßennetz ist dicht und vor allen Dingen im stark zersiedelten Westen auch das Ortsstraßennetz. In den nördlichen Donauhängen östlich von Regensburg gibt es nur ein Netz von weitgehend nicht befestigten Wegen. Das trifft auch für das östliche Regenufer nördlich von Regensburg zu.

Bei Regensburg fließen die Naab und der Regen in die Donau, ebenso südwestlich die Schwarze Laaber. Den südlichen Zipfel des Landkreises berühren die Alte und die Große Laaber. Dagegen gibt es außer Baggerseen im Gäubodenteil kaum Seen oder Teiche.

Die Höhenunterschiede sind gering. Berge reichen nicht weit über 600 Meter im Vergleich zu den tiefen Lagen im Gäuboden bei 350 Meter über Null.

In Stadt und Landkreis Regensburg gibt es eine Fülle von Sehenswürdigkeiten, Baudenkmäler, aber auch Höhepunkte der Natur.